JEAN-PIERRE COPIN

GRENOBLE

EDITIONS CURANDERA
—— *photo & graphies* ——

English text by
Harry Forster

GRENOBLE PAST AND PRESENT

Eighteen centuries elapsed between the arrival of the first Romans in Grenoble and the city's appearance on the French political scene and yet it was already a small, but well-known town when Gaul was conquered. Romans as famous as Cicero were familiar with its name, if nothing more. Later the Emperor Diocletian had the town fortified and later still, in about 390 AD, one of the last emperors, Gratian, officially made it a city. Subsequently Gratian's town or Gratianopolis came to be known as Grenoble.

At the beginning of the Middle Ages Grenoble huddled behind its ramparts, at the foot of the Chartreuse range, spreading timidly out on either side of a single bridge over the Isère river. The town was protected by wise religious rulers such as Bishop Hugues and ruled by a family of princes, the Counts of Albon, who were based on the banks of the Rhône.

The Albon family had no feudal links with the King of France and precious few with the Holy Roman Empire. They tended to see themselves as the rulers of the whole area. For reasons which remain unclear, they adopted the title of « Dauphin » (dolphin). Their little state came to be known as « Dauphiné » and so things continued till the appearance of Dauphin Humbert II. Financially incompetent and riddled with debts, Humbert offered to sell Dauphiné to the King of France, Philip VI. The transaction was concluded in 1349. Successive kings entrusted this new French province to their eldest sons and the latter took the name of Dauphin.

Grenoble and Dauphiné thus became part of France on a lasting basis. The area played only a minor role in the history of the country, giving France several remarkable soldiers, the most famous of whom were Bayard and Lesdiguières. Bayard was born in Pontcharra and distinguished himself in the wars waged by François I in Italy at the beginning of the 16th century – an opportunity for France to discover the Italian Renaissance. Bayard personified bravery and chivalrous loyalty. « Fearless and above reproach », his conduct was often a precious example at a time when patriotism in France was in short supply.

Lesdiguières, who was perhaps not as morally upright as Bayard, became Constable of the French armies at the end of the 16th century. Although he was not of any particular importance at a national level, he left a lasting mark on Grenoble, equipping the town with modern fortifications.

THE REVOLUTION

As we have seen Grenoble was anything but the centre of attention in France. Then, in June 1788 the Crown decided to reduce the rights of the Dauphiné parliament. The population of the city revolted, climbing onto the roofs of houses around the Parliament and hurling tiles down on the King's fleeing soldiers. It was decided to organise an assembly of local notables representing the three « orders » of contemporary society : the nobility, the clergy and the third estate.

This assembly demanded that the King organise a meeting in Paris of the Estates General for the whole country. They also decided to hold an equivalent meeting for the Dauphiné province on 21 July 1788 at the Château de Vizille. A movement of reform and revolt spread through

France, culminating in the Estates General of 1789 and the French Revolution. The men behind this movement were two young advocates from Grenoble, Jean-Joseph Mounier and Antoine Barnave.

After this dramatic start, Grenoble took no further part in the Revolution nor in the subsequent Napoleonic adventure. Today the city of Grenoble and its tourist board continue to celebrate the « Route Napoleon », but this is only due to the fact that the exiled Emperor passed through the area on his way from Elba to Paris at the start of the « hundred days ».

STENDHAL

At roughly the same time, one of the French authors to attract the most academic interest worldwide, started writing. Stendhal, whose real name was Henri Beyle, was born and raised in Grenoble, close to Place Grenette. He subsequently never missed an opportunity of expressing his dislike for the townspeople.

At the age of seventeen he left the city and moved to Paris. He then travelled south again and over the Alps, falling in love with the cities of northern Italy, as is apparent from his subsequent work. Years later, in his fifties and still in Italy, he looked back on his childhood and wrote a detailed autobiography, « La Vie de Henri Brulard », full of anecdotes about Grenoble, many of which are somewhat ambiguous. His bitter resentment of the small-minded provincial burghers alternates with loving respect for his grandfather, Docteur Gagnon, with whom he lived as a child. He also expressed tender gratitude to a few playmates and one or two desirable young ladies.

Above all, it would appear that Henri Beyle's childhood was permanently affected by the death of his mother, when he was only seven years old.

In a less intimate register, Grenoble and Dauphiné served as inspiration to Stendhal for one of his most acclaimed novels, « Le Rouge et le Noir ». What became the story of Julien Sorel started out as the life of Antoine Berthet, who was guillotined in Place Grenette in February 1827. The young man had wounded a woman parishioner with a pistol shot, during mass at Brangue, a village on the banks of the Rhône, near Morestel.

At the same time that Stendhal was establishing his literary reputation, another citizen of Grenoble was making a rather different contribution to the world's cultural heritage. Jean-François Champollion's family came from the Valbonnais range of mountains, in the southern part of Isère, though he himself was born in Figeac. Champollion was the first person to translate Egyptian hieroglyphs and is thought by many to be the father of modern Egyptology. However, as far as the nineteenth century is concerned, the man who exerted the most influence on the development of the city was Aristide Bergès. This French engineer invented hydroelectric power or « white coal » as they call it here.

HYDROELECTRIC POWER

In 1867, Aristide Bergès, a native of the Pyrenees, was asked by the paper mills in Lancey, about ten kilometres outside Grenoble, to modernise the pulp manufacturing process. He was sufficiently daring to do what others had only dreamt of and channelled the water from Belledonne mountain streams into forced conduits. He started with a 200 metre vertical drop, then 400 metres and finally harnessed the water from Lac Crozet, 800 metres above.

The turbines he had built drove machines to crush vegetable fibre and later powered dynamos to produce electricity. He had discovered a fantastic new form of energy. Several Grenoble companies developed on the strength of this invention building conduits (Bouchayer-Viallet), turbines (Neyret-Beylier, or Neyrpic as it is now called) and all the equipment necessary to transform and transport electricity (Merlin Gerin). More recently attention has focused on nuclear power and electronics.

A hundred years later the impetus given by Bergès' invention is still apparent in Grenoble. Admittedly Bouchayer-Viallet has disappeared, but Merlin Gerin is one of the leading French companies in its field. Just down the road the Nuclear Research Centre is a powerful symbol of the scientific activity which today provides work for almost ten thousand research scientists in laboratories all over the urban area. Grenoble is the second largest research centre in France, after Paris.

Before the appearance of Bergès, Grenoble had established an international reputation for glove-making, using « chamois » leather, and cement taken from the local limestone. The fashion for gloves has declined, but cement continues to be produced. The city has nurtured successful companies in a variety of other fields : biscuits (Brun), chocolate (Cémoi), pasta (Lustucru), underwear (Valisère), press-studs (Raymond), lingerie (Lou) and garden furniture (Allibert).

Several of these companies disappeared during the second half of the century, but others have developed to replace them, frequently drawing on the city's predilection for leading edge technology. Cap-Gemini-Sogeti, for instance, was founded by a native of Grenoble, Serge Kampf, and has grown to become one of the top international system houses. A telecommunications research centre, the CNET, is based near Grenoble as are the subsidiaries of US companies such as Caterpillar, Hewlett Packard or Becton Dickinson.

Until the start of the crisis, which has affected industrialised countries since the beginning of the eighties, the population of Grenoble increased rapidly, boosted by expansion in local industry, the research institutes and the university. However, as is the case with all modern cities, what really counts is not just the city but the urban area around it.

In 1945 Grenoble had a population of approximately a hundred thousand people. The town was surrounded by about twenty small towns or villages. Forty years later the urban area had a population in excess of four hundred thousand, whereas the city itself had hardly grown at all (160 000 people). In the meantime, the populations of neighbouring towns such as Saint Martin d'Hères or Echirolles had reached almost forty thousand. Recently the situation has become more stable, although there is still considerable demand for building land on the edges of the urban area. For thousands of city dwellers the ultimate goal is to buy a house in one of the little villages.

THE RESISTANCE

It is clear from the names of certain streets, from official anniversaries and the existence of a special museum that Grenoble has not forgotten the dramatic events of the fall of France in 1940 and the four years of occupation which followed. The town was a resistance stronghold, considered by many to be the capital of the French resistance. In particular, it served as a rallying point for the Vercors « maquis ».

This courageous attempt to form a major bridgehead for the liberation movement in the south east corner of France was brutally repressed in July 1944, but at considerable strategic cost to the German army. Several thousand men were committed to a full scale battle, at a time when they were needed elsewhere.

In Grenoble itself, a whole series of clandestine operations succeeded in destabilising the enemy forces. The most spectacular attack involved the destruction of the huge Polygone munitions dump. Several hundred members of the resistance lost their lives in fighting in the surrounding mountain ranges – Belledonne, Oisans and Chartreuse. Throughout the year, the Musée de la Résistance welcomes visitors from all over the world, as well as numerous local schoolchildren.

THREE MODERN MAYORS

Three mayors have left their mark on contemporary Grenoble.

Grenoble born and bred, resistance hero and Gaullist politician, Doctor Albert Michallon only governed for six years, from 1959 to 1965, but in that relatively short time he achieved a great deal. He facilitated the creation of the university campus, for which Louis Weil, the dean of the science faculty, had campaigned over many years. He had bridges built to take the railway over Cours Jean Jaurès and Cours Berriat. He commissioned the new town hall. Above all he succeeded in bringing the 1968 Winter Olympics to Grenoble. As a result, the French government directed considerable funds to the modernisation and refurbishment of local infrastructures and buildings. The railway station, main post office, sports palace, Lyon motorway and flyover on the « grands boulevards » all date from this period.

Hubert Dubedout, a native of the Pyrenees who had settled in Grenoble to work at the atomic research centre, succeeded Michallon at a time when progressive ideas were much in favour. Grenoble wanted to be young and scientific, open to the outside world. It attracted people such as Pierre Mendès France or Jean-Luc Godard, the film director, who saw it as a « laboratory of new ideas ». The Villeneuve and the Maison de la Culture, initiated by André Malraux, were built at this time. Lasting links were developed with neighbouring towns. Leading figures in French politics, such as Giscard d'Estaing, Mitterrand, Pompidou, Debré, Chirac, Chaban Delmas or Marchais came here to air their views. Pierre Mendès France was an elected deputy for a few months. Grenoble had the impression that it served as a social and democratic model for the whole of France. In philosophical terms, this was the city's moment of glory. As if to prove the fact, Professor Louis Neel, the director of the nuclear research centre, was awarded the Nobel prize for Physics in 1970.

In 1983, at the age of only thirty-four, Alain Carignon was elected Mayor of Grenoble. The election of this pragmatic Gaullist, a native of Vizille, marked a return to more realistic policies. Several major development schemes have nevertheless been completed : one of the finest museums in France, with a considerable amount of space for modern art, was opened at the beginning of 1994. The European Synchrotron Radiation Facility was built alongside the existing research centres. The Europole business district, with its own version of the World Trade Centre, rose into the sky confirming the town's refusal to be cowed by the prevailing economic gloom.

However, the population of Grenoble was perhaps most impressed by a more down to earth achievement, the tramway. This brand new urban transport system, whose construction required considerable resources, has completely changed the appearance of much of the centre of the town, for the better, and secured its economic success. Despite the appearance of numerous out of town shopping malls, the centre of Grenoble – Place Grenette, Place Victor Hugo, Place Notre Dame, Place aux Herbes, Place Saint André and Jardin de Ville – continues to attract shoppers and visitors, offering a different, more relaxed, less congested vision of urban life. The pedestrian precincts combine today's comforts with the charming atmosphere of the past. The terraces of the cafés are full of young people from all over the world, which is hardly surprising in view of the fact that there are over forty thousand students in Grenoble.

A YOUTHFUL CITY

There are numerous opportunities for artistic expression and fulfilment in Grenoble. The old Bouchayer-Viallet factories have been transformed into a centre for contemporary art, « Le Magasin ». A dozen theatres, supported to varying degrees by council grants, put on plays featuring local actors, most of whom are professionals.

At a more lofty level, the Maison de la Culture, now referred to as « Le Cargo », the « Theâtre de Grenoble », the « Summum » auditorium and the « Palais des Sports » regularly organise shows of international standing.

The city even has its own stars ; singers Michel Fugain and Antoine spent their childhood here, as did Georges Lavaudant, the theatre producer. Jean-Claude Galotta, now a world famous choreographer staged his first successful productions here.

In other extremely varied fields, the city still has a claim on several people who are much in the public eye. Officially, Abbé Pierre has been a member of the Grenoble clergy for the last fifty years. The geologist, Haroun Tazieff, was a local councillor till 1994. Florence Arthaud, France's best known *yachtswoman* is the granddaughter of the founder of the town's largest bookstore. Two mountaineers of international fame, Lionel Terray and Pierre Beghin, came from Grenoble. In recent years, the town has been home to several well known sportsmen and women : Jeannie Longo, the cycling champion, Bernard Thévenet, twice winner of the Tour de France, Philippe Collet, the French pole vaulting champion. Last but not least, the city's rugby team, trained by Jacques Fouroux, is one of France's top teams.

Wherever you go in Grenoble, you will see mountains at the end of the street, which perhaps explains why there are relatively few buildings of any note. Saint Laurent church (Middle Ages), the Palais de Justice (16th century) and the cloisters of Sainte Marie d'En Haut (17th century) nevertheless deserve a visit. The latter has been converted into a heritage museum, the Musée Dauphinois. Despite this, Grenoble is remarkably photogenic, with striking mountain backdrops on all sides.

The proximity of this fine landscape means that a fifteen minute drive will take you up to an altitude of a thousand metres, with clear mountain air and, in winter, the first ski slopes. The Olympic resort, Chamrousse, whose slopes rise to 2 250 metres above sea level is only thirty kilometres outside the city limits. The Belledonne range offers all the attractions of a real mountain range with glaciers, mountain torrents and jagged peaks. The Chartreuse and Vercors ranges, which rise vertically from the edge of the city itself, offer a very different picture. Visitors will find gentle mountain pasture and forests climbing to about 2 000 metres. They might even encounter the occasional monk.

The views from these ranges are spectacular, across the city and away over the Alps as far as Mont Blanc. The valleys too have their share of attractions. The Grésivaudan valley, which runs from Grenoble to Chambéry inspired Stendhal, who had few good words to say for his home town, to write « In all France, it has no compare ».

GRENOBLE

Texte de Jean-Pierre Copin
Photographies de Fabian da Costa

EDITIONS CURANDERA
— *Collection photo & graphies* —

Cularo s'étendit sur une dizaine d'hectares au moins. C'est attesté par les traces d'une muraille fortifiée, érigée du temps de Dioclétien et sur son ordre, vers l'an 280, pour se protéger contre les barbares qui commençaient à s'infiltrer un peu partout.

Et puis, cent ans plus tard, Cularo changea de nom.

Ne faites pas semblant d'en savoir long sur l'empereur Gratien. Ca ne sert à rien. Même aux temps pas si lointains où les humanités gréco-latines avaient priorité au baccalauréat (le temps des papas des équipiers du Cularo-Show) où Hollywood investissait des millions de dollars dans les péplums, et où les gens de culture simplement moyenne situaient à peu près Trajan, Marc Aurèle, Hadrien ou Caligula, il n'y avait absolument personne pour sortir spontanément les coordonnées de Gratien.

Il n'y avait pas de honte à cela. Il y en a encore moins aujourd'hui. Il n'est donc pas du tout nécessaire de faire semblant de connaître ce Danubien arrivé au pouvoir de façon presque burlesque et quand tout était déjà foutu. Il avait, en 375, pris la succession de Valentinien qui s'était étouffé de colère en discutant avec un chef des Ostrogoths. C'était probablement un saint jeune homme, prêt à tout pour avoir la paix. Il distribua aux barbares des provinces entières, reconnut gentiment l'autorité et l'emprise grandissante de l'Eglise chrétienne sur les âmes et les institutions. Il aimait les Gaulois et les Francs. Il comptait sur eux pour repousser les Germains. Il les repoussa d'ailleurs jusqu'à Colmar. Mais il se fit ensuite repousser lui-même, et pire que cela, par Maxime, un général romain qui se prenait pour un empereur. Avec une armée ramenée de Bretagne (la Grande), Maxime défia Gratien près de Lutèce, et le poursuivit jusqu'à Lyon où il le fit guetter et égorger à la sortie d'un banquet. La gastronomie lyonnaise est née dans le sang d'un empereur. C'était en 393.

Avant ce coup du destin, Gratien avait beaucoup apprécié Lyon. Rien d'étonnant à ce qu'il se soit intéressé à Cularo, relativement proche de la capitale des Gaules. Il avait accordé à cette bourgade le titre officiel de cité. Ce qui lui conférait juridiction sur un territoire important, et vexait les Viennois.

C'en fut assez pour que Cularo se considère comme ville de Gratien, Gratianopolis. Sous ce nom, peu à peu comprimé en Grenoble par laisser-aller langagier, la cité s'enfonça dans l'obscurité et le flou des temps mérovingiens et moyenâgeux : cinq cents ans eux aussi.

Un demi-millénaire qui vit sortir de terre puis s'y enfoncer l'édifice le plus étonnant de Grenoble, la basilique de Saint-Laurent, dont la crypte, objet de fouilles d'une grande ampleur, remarquablement valorisées depuis une vingtaine d'années, est une étape nécessaire dans la visite de la ville aujourd'hui.

Passé l'an mil, Grenoble vit dans un contexte politiquement stable et clairement défini, sous l'autorité d'une ambitieuse famille venue des rivages du Rhône, et qui s'est pratiquement libérée de la tutelle des empereurs de Germanie, les comtes d'Albon. En ces temps là, ils portaient tous, de père en fils, le prénom de Guigues.

Vers la fin du XIIe siècle, le 4e Guigues se donna le titre de Dauphin, et son comté s'appela le Dauphiné.

L'origine et la signification de cette initiative sont restées mystérieuses. Certains y voient une influence familiale anglaise, conduisant à l'adoption du prénom de Dolfin. D'autres pensent tout simplement que les d'Albon avaient de la considération pour les dauphins, animaux de référence par leur intelligence et leur affection pour l'homme.

Guigues IV avait fait un beau mariage. Sa jeune épouse était une princesse de haut rang, Marguerite de Bourgogne, fille d'un roi de France et nièce d'un pape. Mais le bonheur de ce premier dauphin et de cette première dauphine ne dura pas longtemps. Son Dauphiné attaqué par les Savoyards en 1141, Guigues se porta lui-même à leur rencontre. Il fut tué au combat, du côté de la Buissière dans le haut Grésivaudan.

Très jeune veuve, Marguerite, par un sentier dominant les gorges du Manival, baptisé depuis et pour toujours sentier de la Dauphine, monta pour tenter d'oublier son chagrin, au hameau du Baure où elle possédait une maison. Un soir qu'elle méditait face à la Dent de Crolles, au-dessus de cette vallée de l'Isère où venait de mourir son mari, elle crut voir dans le ciel un signe divin. Un flambeau, lui donnant mission de fonder dans le

Grésivaudan une communauté religieuse. Ainsi naquit l'abbaye des Ayes dont le rôle spirituel, mais aussi social et économique, allait être capital dans la vallée et à la lisière du massif de Chartreuse. Un massif au cœur duquel, au siècle précédent, s'était établi un monastère encore bien plus célèbre.

En 1084 en effet, on avait vu arriver à l'évêché de Grenoble, Bruno, un moine germanique né à Cologne cinquante ans plus tôt. Il avait gagné, à Reims, dans l'enseignement de la théologie, une haute réputation (le Haut de Cologne, disait-on paraît-il, alors). Mais, suivi par six de ses disciples, il avait décidé de renoncer à la renommée et à l'agitation du monde. Il était à la recherche d'un lieu de solitude pour s'y consacrer à l'étude et à la méditation.

Les sept voyageurs furent reçus par le nouvel évêque, Hugues, qui n'avait pas trente ans, et allait offrir aux Grenoblois un tiers de siècle d'un apostolat si fécond et édifiant qu'on le canonisa quelques mois après sa mort.

Le futur Saint Hugues proposa au futur Saint Bruno un lugubre vallon écrasé par les falaises et les rocailles d'une cime de plus de 2 000 m. à une lieue d'un pauvre village qui ne s'appelait pas encore Saint-Pierre de Chartreuse, mais Cartusia. Ainsi commença une des aventures spirituelles les plus fascinantes de la Chrétienté. Près de mille ans ont passé, et le monastère de la Grande Chartreuse continue à faire de la Chartreuse le plus mondialement connu des grands massifs montagneux entourant Grenoble.

A ce Dauphiné des Dauphins, l'Histoire accorda deux siècles d'une relative indépendance dans une Europe aux contours politiques incertains et fluctuants. Des rois de France aussi possessifs et entreprenants que Philippe-Auguste ne régnaient que théoriquement et d'une manière précaire, parfois même pas du tout, sur d'immenses provinces comme l'Aquitaine, la Bourgogne ou la Provence.

Les Dauphins ne résidaient pas à Grenoble, mais le plus souvent dans leur château de Beauvoir en Royans, sur les bords de l'Isère. Ils semblent avoir permis à leurs sujets de passer un Moyen-Age pas trop pénible. Nul ne semble les avoir tenus pour responsables de l'épouvantable catastrophe qui fit périr des milliers de Grenoblois dans les eaux du Drac en 1219, les digues naturelles du lac Saint-Laurent, en aval de Bourg d'Oisans s'étant rompues.

Cinquante ans après ce massacre, les Dauphins autorisèrent les Grenoblois à se doter d'une certaine autonomie en accordant à leur ville une charte communale, à l'instar de ce qui se pratiquait un peu partout en Europe en ce temps là.

Puis le hasard et la nécessité, le destin et la génétique, firent un Dauphin avec un personnage différent des autres, plus cultivé (il créa la première université de Grenoble) mais moins sérieux, moins chanceux aussi. Il fut acculé à la vente, plus exactement au "transport" comme on l'a dit pudiquement.

La plupart des historiens traitent ce Humbert comme un failli : il s'était ruiné et avait ruiné le Dauphiné en dépenses ridicules. Pourquoi ne pas croire aussi à cette explication plus attendrissante ? Humbert II ne s'était jamais remis de la mort de son unique petit garçon noyé dans l'Isère où une nourrice inattentive l'avait laissé tomber, depuis une terrasse du château de Beauvoir. De surcroît, il était veuf.

Dégoûté de tout, et dans une très mauvaise passe financière, il proposa le transport de son bien au roi de France Philippe VI. L'affaire fut conclue à Romans en 1349. On convint à la cour que le Dauphiné serait attribué aux fils aînés de tous les rois à venir, et que ces futurs souverains porteraient le titre de Dauphin. Quant au pauvre Humbert, il se fit moine.

Sans doute accaparés par les mornes et fumantes vicissitudes de la guerre de Cent Ans qui venait de commencer, nos rois avaient la tête ailleurs. On sait même que l'un d'eux, Charles VI la perdit complètement. Aucun dauphin, pendant un siècle, ne daigna se manifester en Dauphiné. Le premier fut Louis, fils aîné de Charles VII, le futur Louis XI.

Il était venu là, un peu en punition, chassé par son père, qui se méfiait de lui. Mais malin comme tout, il comprit la formidable valeur expérimentale de cette apparente mauvaise fortune. Pour tromper son impatience de régner lui-même, il utilisa le Dauphiné

Bayard et le Palais de Justice

comme un Etat-école, stage de fin d'études en vraie grandeur pour un énarque du temps, assuré, quoi qu'il advienne, d'exercer ultérieurement les plus grandioses responsabilités. (Cinq cents plus tard, par un curieux itinéraire cyclique des grandes idées, on allait dire de Grenoble et singulièrement de sa Ville Neuve, qu'ils étaient un laboratoire P.S.U., le parti du très jeune Michel Rocard.)

Voilà pourquoi il y a tant de châteaux dauphinois où Louis XI est censé avoir dormi, et tant d'aventures cynégétiques ou forestières qui lui sont prêtées, du Vercors au Briançonnais. La Vallouise lui doit son superbe nom. Avant ce dauphin Louis, elle s'appelait Valpute. C'était affligeant. Mais moins qu'il n'y paraît. Valpute, c'était Val petit.

D'autres expériences d'autorité du jeune Louis furent profitables à Grenoble officiellement gratifié, par exemple, d'un Parlement. Mais il fallut attendre Louis XII régnant pour que cette institution soit convenablement logée. L'édifice, transformé bien plus tard en palais de Justice, puis agrandi au XIXe siècle, est le plus noble atout architectural de Grenoble, pour ne pas dire le seul.

Les attraits de la capitale des Alpes dans tant d'autres domaines sont suffisamment nombreux et prestigieux pour qu'on reconnaisse sa relative pauvreté dans celui-ci.

Encore tout neuf, ce parlement du Dauphiné dressa un procès-verbal montagnard qui ne devait plus jamais avoir d'équivalent : la reconnaissance juridique de la première ascension du Mont-Aiguille, texte irréfutable qui devait impressionner Rabelais un peu plus tard, et faciliter pour toujours la tache des historiens de l'alpinisme. Ce sport est né là, sur ce fabuleux monolithe que se partagent le Vercors et le Trièves, en 1492, l'année où Christophe Colomb découvrait l'Amérique et où le dernier prince arabe quittait l'Espagne à moitié occupée depuis 700 ans.

On sait que cette «première» alpine, réussie après six mois de préparation et d'installation d'échelles, par les hommes du capitaine de Montélimar, fut une conquête royale. Elle avait été commandée par Charles VIII qui passait par le Trièves pour accomplir quelques dévotions à Embrun. En cette sortie du XVe siècle, à Grenoble, qui ne comptait guère plus d'habitants que Villard de Lans, en inter-saison aujourd'hui, les rois, Charles VIII et Louis XII, ne faisait que passer. C'était des gamins d'une vingtaine d'années, qui avaient découvert un passe-temps épique aux répercussions culturelles formidables, les guerres d'Italie. Elles révélèrent la Renaissance aux Français.

Un Dauphinois, le plus célèbre de tous peut-être, leur doit une place de tout premier plan dans la conscience nationale. Des statues, des rues, des escadrons, des cafés, des collèges, des stylos, des vêtements, un groupe de presse parisien, et même une opérette de Coquatrix, jouée dans les années 50 par Yves Montand, lui ont été consacrés ou portent son nom. Un nom-balise de la grandeur. Un nom-nourriture d'âme. Et si sa place n'est plus aussi prépondérante qu'elle ne l'était dans les livres scolaires, au début de ce siècle, c'est que ceux-ci n'ont plus comme vocation fondamentale d'exhorter les petits garçons au courage militaire. Au temps pas si ancien où la France ne semblait vivre que pour reprendre l'Alsace et la Lorraine, Bayard, le preux chevalier de Pontcharra sur Bréda en Grésivaudan, était la meilleure vitamine d'une pédagogie braquée sur la ligne bleue des Vosges... et paradoxalement assez réductrice.

Bayard certes était un costaud, un courageux qui connaissait sur le bout de l'épée les techniques de la bagarre. Mais c'était bien autre chose que le Rambo de la Renaissance et la tortue Ninja du Garagliano. Sans peur, il était aussi sans reproche. Son intelligence et sa culture le rendirent apte à des tâches pacifiques d'une grande ampleur. Il fut intendant général du Dauphiné. Et autant que sa bravoure, ses amis comme ses ennemis vantaient sa clémence et sa générosité. Les Dauphinois peuvent rester à jamais fiers d'avoir offert ce personnage de référence à l'âme universelle. Mais dans leur désir de l'immortaliser, c'est à dire de lui donner une sépulture personnalisée, ils ont voulu trop bien faire. D'inhumation en exhumation, de 1550 à 1937, à partir de Saint-Martin d'Hères dans la banlieue grenobloise, ils ont fini par l'éparpiller au milieu d'autres squelettes.

Dans son ouvrage savant et très complet «Grenoble»

réédité plusieurs fois jusqu'en 1980, Paul Dreyfus révèle que les reliquats de ces récupérations successives se trouvent, depuis 1966, aux Archives de l'Isère, boulevard des Adieux.

Il est donc depuis longtemps illusoire de chercher à se recueillir sur le tombeau de Bayard.

Relayant dans le déconcertant échéancier de l'Histoire, les guerres d'Italie, en beaucoup plus méprisable et en plus dévastateur, les guerres de religion, inter-chrétiennes, eurent parmi leurs grands premiers rôles, deux ambitieux Dauphinois, le baron des Adrets puis le connétable Lesdiguières. Deux guerriers bien plus préoccupés d'arracher le pouvoir politique que de sauver les âmes.

François de Beaumont, baron des Adrets, dont l'histoire a été remarquablement contée par Gilbert Dalet, quitta sa maison forte de Belledonne, et adopta avec fureur la cause des protestants, qui ne lui en demandaient pas tant, dans le but essentiel de se venger de la puissante famille de Guise. Elle avait mal validé ses mérites militaires, certainement importants.

Ressentiments tardifs. Il se lança dans le massacre à l'âge de la retraite à peine anticipée : 59 ans. Sa cruauté (à Montbrison, il fit précipiter du haut d'une tour la garnison qu'il avait capturée) mais aussi son génie militaire, la soudaineté de ses attaques (il surgissait sous les murs de Valence alors qu'on le croyait à Grenoble) frappèrent les imaginations du temps. A tel point que son histoire bascula partiellement dans la légende. Allez donc savoir si le jeune vicaire de Marnans dans les Chambarans, qu'il égorgea de sa propre dague, était bien le fils naturel qu'il avait eu, trente ans auparavant, d'une princesse du bas Dauphiné.

Il est acquis en tout cas que ce Dracula du Grésivaudan était un grand capitaine, qui s'était doté de moyens énormes. Il commandait une armée de plusieurs milliers d'hommes quand il s'empara tout simplement de Lyon !

Pour prendre Grenoble, il s'était procuré des complicités internes. Ca se passa en 1562. Il y eut peu de victimes.

En ces tumultes odieux qui firent, selon certains, près de sept millions de morts en Europe, des Adrets ne présente pas un dossier pire que beaucoup d'autres. Pour Dalet, il a surtout eu le tort de trop faire parler de lui. L'Histoire l'a rangé dans la catégorie lugubre des indignes et des négatifs. Il n'a ni statue ni rue. Et on ne visite pas sa maison forte du village des Adrets, hameau de Villard-Château, habitée par des ruraux paisibles.

Le quai Saint-Laurent au pied du Rabot

II

Quand on dit pourquoi Lesdiguières est devenu un stade de rugby, une rue et un hôtel. Quand Claudine-Alexandrine, tante de Condillac, soeur du futur archevêque de Lyon, s'enfuit du couvent de Montfleury, séduit à Versailles le Régent, puis Law, puis Destouches, met au monde d'Alembert et l'abandonne, et entre dans le dictionnaire en leur compagnie à tous les six. Quand Jean-Jacques Rousseau se croit empoisonné dans les bois de Vouillant.

Lesdiguières fut d'une autre trempe.

Le Parisien, ou n'importe quel Français non Dauphinois, qui s'installe à Grenoble, est vite étonné par l'emprise maintenue depuis si longtemps, dans les usages locaux les plus officiels, par ce personnage historique presque totalement inconnu en dehors du Dauphiné. Les joueurs de rugby les plus fameux de France se succèdent chaque dimanche, de septembre à avril, à Lesdiguières, car c'est le stade le plus moderne et le plus fréquenté de la ville. Une longue rue aboutissant à la préfecture porte ce nom, ainsi qu'un hôtel de très ancienne réputation et un lycée hôtelier. Son souvenir est associé à la construction du château présidentiel de Vizille, du pont de Claix, «merveille du Dauphiné», et du palais qui fut hôtel de Ville jusqu'en 1967.

Qu'un tel culte ait été voué à Bayard, à Stendhal ou même à Vaucanson, ne surprendrait personne. Mais Lesdiguières ! Quel est donc ce personnage ? Et de quelle nature est donc la reconnaissance que ressentent à son égard les grenoblois ?

C'est simple et concret. Il les a fait sortir du Moyen-Age. Préalablement, il les a délivrés des guerres de religion, après avoir pratiqué celles-ci à titre personnel, plus que copieusement.

Né en 1543 d'une petite famille aristocratique de la vallée du Champsaur, ou le Drac émerge de l'énorme massif des Ecrins pour se faufiler au pied du Dévoluy et filer sur Grenoble, François de Bonne de Lesdiguières semble, lui aussi, avoir été attiré d'emblée, instinctivement, par la capitale provinciale. Fasciné et pragmatique, il comprit que les plus sûrs moyens de la conquérir n'étaient ni la politique, ni l'argent ni les diplômes, mais les armes.

Ce fut long et scabreux. Et pourtant, à 30 ans, il se sentait déjà qualifié pour la phase finale; Il avait choisi son camp, celui des protestants, reniant ainsi le catholicisme familial. Et militairement, il avait la stature d'un capitaine doté d'une force de frappe non négligeable.

En bonne logique géographique, il commence par s'emparer de La Mure. Mais Grenoble le repousse une première fois. Pire : le chef catholique Mayenne lui reprend La Mure. Nous sommes en 1576. Trois ans plus tard, Lesdiguières convoite toujours Grenoble. Les Grenoblois en ont conscience, ainsi que Catherine de Médicis, de passage chez eux. Lesdiguières est obligé d'attendre. Les années passent. Son destin semble s'enliser. Il a 45 ans.

Il attaque la ville de toutes ses obsessions deux nouvelles fois en 1588. Toujours rien. Il remet ça en 1589. Nouvelle raclée. « Mais c'est pas vrai, ça ! » La phrase historique jaillit du camp huguenot. Mais on n'est pas sûr que Lesdiguières lui-même l'ait prononcée.

En tout cas, il ne renonce pas. A l'automne 1590, avec un millier d'hommes, il prend pied sur les pentes du Rabot et sur la rive droite de l'Isère. Il soumet Grenoble à un siège d'une quinzaine de jours. Puis les assiégés capitulent après une résistance qui ne fut pas désespérée. Un peu partout en France, à Paris pour commencer, on a fini par constater qu'en un demi-siècle de haine et de supplices par millions, les convictions métaphysiques ont viré au fanatisme haineux et imbécile; qu'il y a certainement plus utile à faire pour les âmes et pour les corps.

Quant à Lesdiguières, ayant obtenu ce qu'il veut, il se garde bien de casser sa conquête. Contrairement aux usages de ce temps, il se dispense de représailles sur les vaincus. Et conformément à l'esprit nouveau, qui va se traduire en haut-lieu par l'immortel aphorisme «Paris vaut bien une messe», il laisse les catholiques grenoblois libres de leur foi et de leurs pratiques. Il a, lui aussi, bien mieux à faire. Pour sa propre image face à l'Histoire, et pour la province qu'il va gouverner presque sans partage, sans en être pourtant le gouverneur : lieutenant général seulement.

A 47 ans, il a encore plus d'un tiers de siècle devant lui. Militairement, le Dauphiné reste menacé à l'est. L'homme de guerre doit encore mener quelques campagnes vers la Savoie. Il en retient la nécessité de doter d'une vraie bastille les escarpements dominant l'Isère et de revoir complètement la ceinture fortifiée protégeant la ville.

La superficie de celle-ci est presque doublée. Le lieutenant général a trouvé sa véritable vocation : la gestion des affaires publiques, et l'invention, avec 350 ans d'avance, de l'urbanisme.

Le Drac, dont le cours incertain et les crues maintiennent un climat d'insécurité dans la ville même, est repoussé dans un lit presque rectiligne, au pied du Vercors. Ce qui ne fait pas forcément plaisir aux gens de Seyssinet, de Fontaine et de Sassenage. Sur le même torrent, pour la route du sud, on construit à Claix un pont à arche unique un des repères les plus tenaces de l'Histoire du Dauphiné. En ville, sont encouragés les nouveaux immeubles et les réfections de façades. On se dote d'un véritable réseau d'égout en direction du ruisseau du Verderet.

Qui paye ? Le contribuable grenoblois, bien sûr. Mais aussi quelques instances Parisiennes auprès desquelles Lesdiguières a le bras long. Et Lesdiguières lui-même, avec les revenus de domaines fort importants dont il s'est assuré le contrôle au cours de sa longue carrière aventureuse. D'ailleurs, il ne s'oublie pas. Il bâtit pour lui, beaucoup et brillamment : une partie du château de Vizille, qui sera choisi 300 ans plus tard comme résidence secondaire des présidents de la République Française, l'élégant et sobre palais proche du Parlement, qui devient sa résidence personnelle avant de devenir l'hôtel de ville puis le musée Stendhal, sans oublier l'hôtel particulier de sa petite amie, Marie Vignon.

Car Lesdiguières, star polyvalente, tient aussi un rôle dans la chronique galante de Grenoble. Lorsque meurt sa légitime épouse, il a 65 ans et des prétentions intactes. Il décide de régulariser avec la jeune Marie. Un obstacle est à surmonter. Marie, est mariée au soyeux grenoblois Edmond Matel. Obstacle bien mineur pour un conquérant doté par lui-même d'une immunité à décourager tous les engins de levage. Il va gérer cette situation comme un chef de ce temps. Il prie un officier de sa garde de régler le problème Matel. C'est fait d'un bon coup d'épée, un soir, du côté de la Tronche. Les magistrats du Parlement, sont vite et irréfutablement informés. Ils font coffrer le militaire assassin. Mais c'est l'époque où la Justice fonctionne comme nos V.T.T. d'aujourd'hui : à 15 vitesses. Le crime la poursuit très volontiers. Lesdiguières culpabilise les juges en leur faisant observer qu'ils se mêlent de ce qui ne les regarde pas. Le sabreur est libéré.

Toujours protestant, le lieutenant général du Dauphiné franchit un autre obstacle, liturgique celui-ci, en exigeant l'élaboration d'un scénario inédit pour la célébration de son mariage avec Marie la catholique. On dirait aujourd'hui mariage mixte. Le marié a 73 ans. La mariée, une trentaine de moins. On aurait pu se dispenser d'un tel effort, Lesdiguières est destiné à redevenir catholique trois ans plus tard, lorsqu'il s'aperçoit que c'est nécessaire pour obtenir du roi le titre qu'il convoite depuis décennies, celui de connétable, grand patron de toutes les armées du royaume de France. Il passe par là à l'âge de 78 ans. Il profite du titre pendant cinq ans. Il meurt à Valence en 1626.

Ce personnage venu du Champsaur ouvre pour les siècles futurs, une liste frappante de Grenoblois obstinés, originaires eux aussi des vallées et des plateaux dauphinois du sud : Champollion, Paul Mistral, la

Palais de Lesdiguières

gantière Camille Perrin, et, pourquoi pas, le Vizillois Carignon.

Il n'était pas juridiquement possible à Lesdiguières de fonder une dynastie en Dauphiné. Mais c'est quand même son gendre, le maréchal de Créqui, puis le fils et le petit-fils de celui-ci, qui lui succédèrent, et assumèrent presque tout le XVIIe siècle grenoblois. Un siècle au cours duquel la ville d'une vingtaine de milliers d'habitants, se tint fort éloignée des grandeurs historiques de Paris, de Versailles et de l'Ile de France. C'est à peine si le séjour de quelques mois en 1644, du très jeune Nicolas Fouquet dans les fonctions d'intendant, en attendant les énormes responsabilités royales qu'on sait, rattache indirectement Grenoble aux fastes monarchiques.

L'histoire grenobloise de ce temps est essentiellement religieuse. C'est en 1619, la fondation par François de Salles, du couvent de la Visitation le distingué Sainte-Marie d'En-Haut, élément raffiné du paysage grenoblois du XXe siècle, après bien des vicissitudes. Il devint prison pendant la Révolution, redevint couvent (le Sacré-Coeur pour les Ursulines), fut abandonné en 1905, sauvé de la ruine en 1960 et aménagé en Musée Dauphinois. Sa filiale, Sainte-Marie d'En-Bas, rue Très-Cloître connut une destinée encore plus rude : dépôt de matériel militaire, halle aux grains, premier musée dauphinois, puis théâtre de quartier.

Le XVIIe siècle, c'est aussi la création du très important et très influent collège des Jésuites dans un bâtiment qui deviendra le lycée international Stendhal, et surtout, l'installation à l'évêché d'un prélat parisien de 39 ans, dont l'apostolat, l'énergie, l'efficacité, l'acharnement à redonner au clergé dauphinois une dignité largement ébréchée sont historiques, le cardinal Le Camus.

Le siècle des lumières révèle une aptitude grenobloise à offrir quelques modèles. A conquérir Paris, à apprivoiser quelques grands esprits.

Siècle des ébénistes de la famille Hache, qui émerveillent une cour royale où élégance et grâce sont vertus exclusives. Siècle de Jacques de Vaucanson qui porte l'art de la mécanique jusqu'à la magie, en faisant vivre des automates d'une inconcevable complexité, mais qui est bien plus qu'un amuseur ou un saltimbanque de la came et de l'engrenage : le créateur de machines-outils et le lointain précurseur de notre robotisation. Siècle de l'abbé Etienne de Condillac, né Grande Rue, qui fait réfléchir l'intelligentsia française en lui proposant son Traité des Passions. «L'art n'est que la collection des règles dont nous avons besoin pour apprendre à faire quelque chose», c'est lui.

Siècle de la tante de Condillac : Claudine, Alexandrine, marquise de Tencin. Cette polissonne, née à Grenoble d'un papa magistrat, et ancienne élève du couvent de Montfleury, s'est arrangée élégamment pour figurer jusqu'à la fin des temps dans tous les manuels de littérature. Elle y a mis des formes sur lesquelles aucun littérateur n'a d'ailleurs jamais cherché à jeter le manteau de Noé.

Elle couche avec Philippe d'Orléans et avec d'autres, moins responsables, comme le chevalier Destouches. Elle accouche clandestinement, abandonne le bébé sur le parvis d'une église parisienne, sans pressentir, évidemment, qu'elle vient de donner le jour à un garçon qui aura, lui aussi, son nom dans les dictionnaires : d'Alembert. Philosophe et encyclopédiste, il écrira : «Les hommes doivent juger ce qu'ils sentent avant de juger ce qu'ils pensent».

Elle lance à la Cour le financier écossais Law, l'inventeur des billets de banque, fait quelques mois de tôle à la Bastille, et retrouve la respectabilité en animant jusqu'à sa mort un des plus fameux parmi les salons littéraires à la mode. Pendant ce temps là, son grand frère, Pierre était ministre d'Etat et archevêque de Lyon. Sacrée famille...

Personnage culturel grenoblois, mais à titre tout à fait transitoire, voici, en 1768, Jean-Jacques Rousseau. Sa notoriété a déjà la dimension d'un mythe. Il répond à une invitation de ses amis Bovier qui lui trouvent un appartement dans la rue qui portera plus tard son nom. Il en part le matin pour herboriser au pied du Vercors, dans les bois de Vouillant, dont une clairière s'appellera un jour Désert de Jean-Jacques Rousseau.

Sainte-Marie d'en haut

Sainte-Marie d'en haut

Dans ses Rêveries d'un Promeneur Solitaire il évoque ces balades, et vide avec Bovier une petite querelle. Il ne lui pardonne pas de l'avoir laissé manger des baies recueillies le long du sentier des Vouillants, et qui auraient pu être du poison.

Inspiré par Grenoble d'une manière pas très flatteuse, voici, à la même époque, le capitaine d'artillerie Choderlos de Laclos. Nous sommes en 1770. Plutôt que de s'ennuyer dans sa garnison grenobloise, ce Picard s'y livre à des investigations sociologiques, utiles pour un roman moins picaresque que cynique et provocateur. Le tout avec une élégance racée et une indéniable vérité psychologique.

Ainsi naîtront Les Liaisons Dangereuses, dont c'est peu de dire qu'elles choqueront les bourgeois du XVIIIe siècle. Elles choqueront encore 200 ans plus tard, tout en servant d'aubaine aux cinéastes roublards en quête d'audience.

Mais la plus foncièrement grenobloise des oeuvres littéraires du siècle est en patois. C'est celle d'un épicier. Et c'est un reportage en forme de lamentation. En 1733, le Drac, une fois de plus, s'est fâché. Il a envahi la ville, tout saccagé, fait des morts. Ce n'est pas la répétition du cataclysme de 1219, mais c'est

quand même la désolation. Quelques années plus tard, l'épicier Blanc-Lagoutte dont la boutique est proche du Carré des clercs, laisse courir sa plume au fil de sa compassion naïve. Il en sort la longue complainte du Grenoblois Malherou. Un dessinateur de génie, Diodore Raoult adapte à ce texte les illustrations les plus évocatrices et les plus touchantes. Ce grand classique de l'art populaire, cette cantate à la peine des gens d'autrefois, n'a jamais quitté le florilège local. L'album a été réédité luxueusement dans les années 1970 par Dardelet.

Enfin, c'est au XVIIIe siècle que Grenoble révèle à toute la France et à une bonne partie de l'Europe raffinée, un artisanat proche de l'art à un certain niveau de qualité : la ganterie. Durant près de 200 ans, Grenoble va être la capitale de la ganterie. Tout commence spontanément mais timidement dans les premières décennies du siècle. Puis c'est la réussite, l'emballement. Les ateliers prolifèrent, et surtout, le travail à domicile. Les statisticiens font état de 200 000 paires de gants fabriquées en une année. Le tiers de la population grenobloise est vouée à la ganterie.... alors que les élites locales s'apprêtent à ne pas prendre de gants avec l'Histoire.

Le Musée Stendhal, ancien palais de Lesdiguières

III

Quand on explique à quel titre Grenoble et Vizille se tiennent pour les berceaux de la Révolution. Quand Napoléon laisse à Grenoble une route. Quand les imprécations de Stendhal contre ses compatriotes se révèlent freudiennes par anticipation. Quand le monde entier prend des gants avec Grenoble.

Qu'est-ce qui autorise les Grenoblois à dire que leur ville a été le berceau de la Révolution ? L'enchaînement des événements que voici.

Le 7 juin 1788 sur instructions de Paris le lieutenant général du Dauphiné, le duc de Clermont-Tonnerre (vieille famille dauphinoise dont on trouve les origines à Monestier de Clermont et en Valdaine) s'avise d'imposer aux membres du Parlement de Grenoble les édits restreignant leurs pouvoirs. Les magistrats refusent. Le duc leur fait savoir qu'il va tout simplement suspendre leurs travaux, et que l'armée a été requise pour le cas où.

Ce n'est pas du tout du goût des Grenoblois, dont les citoyens les plus militants grimpent sur les toits des immeubles voisins du palais du Parlement et balancent des tuiles sur les soldats du roi. C'est la Journée des Tuiles. Elle sera endeuillée par deux décès. Ce n'est qu'un début ; continuons le combat.

Le 14 juin, l'émotion soulevée par les atteintes du pouvoir royal aux prérogatives provinciales prend une tournure moins improvisée et plus juridique. Sous l'impulsion de deux jeunes gens brillants et cultivés, un juge royal et un avocat, Jean-Joseph Mounier, 30 ans, né à Grenoble même, et Antoine Barnave, 27 ans, né à Saint-Egrève, une assemblée de notables des Trois Ordres, noblesse, clergé et tiers-état, se tient dans l'ancien palais de Lesdiguières. Elle réclame au roi la convocation immédiate d'Etats Provinciaux et, plus tard, d'Etats Généraux représentant toute la nation, en exigeant que le Tiers-Etat ait, à lui seul, autant de voix que les deux autres corps réunis.

Le pouvoir royal cherche à gagner du temps. Les Grenoblois décident alors de tenir quand même, et dès le 21 juillet, des Etats Provinciaux du Dauphiné. Les militaires réapparaissent, aux ordres non plus du duc de Clermont-Tonnerre, mais du maréchal de Vaux. Celui-ci fait respecter la volonté royale : il n'y aura pas d'Etats Provinciaux. Du moins pas à Grenoble. Comme rien ne semble, à la lettre, interdire qu'il y en ait ailleurs, on décide tout bonnement de les tenir à Vizille, en maintenant la date du 21.

Des consignes pour Vizille, le maréchal n'en a pas. Alors il laisse faire. Sans se douter que c'est le cours de toute l'Histoire de France et même du monde, qu'il laisse filer.

Cette assemblée de Vizille, non pas au château, mais dans une salle attenante, celle du Jeu Paume, le tennis couvert de l'époque, aura un impact décisif sur le pouvoir royal. Elle réitère les exigences de celle du 14 juin. Et elle obtient satisfaction sur toute la ligne. Louis XVI autorise les Etats Provinciaux (ceux du Dauphiné auront lieu à Romans) et surtout les célébrissimes Etats-Généraux de 1789. Ils commenceront le 5 mai, enchaîneront sur l'Assemblée Constituante, la nuit du 4 Août, sans oublier la prise de la Bastille, et la révélation de super-stars de la vie nationale, Mirabeau, Desmoulins, Danton, etc.

Les deux jeunes ténors grenoblois, Barnave et Mounier, prendront leur part dans ce grand éclatement des structures. On ne leur contestera pas leur rôle de pionniers, et on sollicitera leur expérience pour l'organisation des Etats Provinciaux. Mounier est cité parmi les promoteurs du serment du Jeu de Paume.

Partisans déterminés d'une nouvelle constitution

limitant les pouvoirs royaux, ils n'étaient ni l'un ni l'autre opposés à la monarchie. C'est d'ailleurs ce qui, à la longue, les rendit indésirables. Mounier se sauva à temps, en passant à l'étranger. Quand il revint, la tourmente passée, Napoléon en fit un préfet à Rennes, puis un conseiller d'Etat. Il mourut en 1816. Un quai de l'Isère porte son nom.

Pour être resté fidèle à Grenoble, Barnave eut moins de chance. Il se rapprocha personnellement de Louis XVI après la fuite manquée de Varennes. Certains chroniqueurs laissent entendre qu'il se rapprocha surtout de la reine. Ce «jeune imberbe furibond» comme le dépeignit Stendhal, savait donc faire la part des choses. C'est ce qui le perdit, en des temps de radicalisation totale. Député du Tiers-Etat, il fut chassé de l'Assemblée Nationale en 1792, revint dans sa ville, y fut arrêté. On le guillotina le 20 novembre 1793, à Paris. A Grenoble en effet, la guillotine ne fonctionna presque pas : deux fois seulement pour de pauvres prêtres réfractaires, qui n'étaient même pas du pays. Stendhal n'a donc pas entièrement tort de dire que la Terreur y fut «fort raisonnable».

Les Grenoblois, il est vrai, ne firent rien pour s'attirer la suspicion des pouvoirs révolutionnaires, successifs. Dans un climat social difficile, marqué par la cherté de la vie et la dépréciation des assignats, ils se prêtèrent à une activité démocratique nouvelle et assez intense, d'où émergèrent le modeste artisan Joseph Chanrion, le baroudeur Aubert-Dubayet, futur ministre de la Guerre, le docteur Gagnon grand père de Stendhal, et assez curieusement, le richissime métallurgiste Jean-Marie de Barral, un des Dauphinois les plus fortunés de l'époque avec les Marcieu et les Périer. Ses adhésions aux idées de progrès ne furent pas mises en doute. Il passe pour avoir évité la Terreur à ses concitoyens.

Quand tout s'apaise, Grenoble se retrouve chef-lieu d'un département, l'Isère. Ce qui paraît dérisoire à beaucoup. C'est dans cet état que les Grenoblois passent d'un siècle à l'autre et vivent les temps napoléoniens. Ceux-ci les dotent fort timidement, de facultés de Droit en 1808, de Lettres en 1809 et des Sciences en l811. Il faut attendre

la fin de l'époque pour que Grenoble soit historiquement intégrée dans l'imagerie impériale, plus précisément dans cette entité touristico-culturelle dont le pouvoir de fascination perdure : la Route Napoléon.

L'Empire n'en a plus que pour trois mois à vivre. Après la retraite de Russie, la campagne de France, les adieux de Fontainebleau, il y a eu l'île d'Elbe. Napoléon vient de s'en échapper, et voici que depuis Golfe-Juan, il remonte à marches forcées sur Paris pour reprendre le pouvoir. Le 7 mars de cette année 1815, l'autorité monarchique donne des ordres pour qu'un bataillon de Grenoble monte l'arrêter à Laffrey. La rencontre a lieu sur les bords du lac. Dans un geste de pathétique provocation, l'empereur déchu présente sa poitrine aux fusils des troupes régulières. C'est la fraternisation, les yeux humides, les récits larmoyants, et, un siècle plus tard, la statue équestre au-dessus du terrain de camping, la halte vacancière nécessaire, sur la Prairie de la Rencontre.

Le nom d'un officier Grenoblois, Charles Labedoyère est associé à cet épisode allégorique. Napoléon et les soldats ralliés redescendant de Laffrey sur Grenoble, il se porte à leur rencontre avec tout son régiment d'infanterie. Et il se joint à eux. Cela se passe sur le plateau de Brié. La Route Napoléon traverse ce village ainsi que la petite ville d'Eybens. Elle diffère en cela de la route nationale qui, elle, gagne Vizille par Pont de Claix.

C'est dans la liesse que Napoléon entre dans Grenoble. Il y dort rue Montorge, dans un des rares hôtels de la Route à justifier son titre d'hôtel Napoléon, établissement qui ajoutera, 120 ans plus tard, un autre fleuron à sa renommée en ayant pour patron Louis Richerot, le futur P.D.G. du Dauphiné Libéré ! En juin 1815, c'est Waterloo, et pour les Grenoblois, une ultime conséquence de l'époque impériale, une brève occupation de leur ville par les vainqueurs autrichiens et piémontais. Ils en avaient subi une autre l'année précédente, après Fontainebleau.

Stendhal, Bergès, Rey. Y a-t-il un tiercé grenoblois du XIXe siècle ? Et dans quel ordre ?

Passage du Palais de Justice

Rue Hauquelin

Le Musée Stendhal

Stendhal indémodable et universel. Bergès, pionnier d'une industrie qui allait changer la face du monde. Edouard Rey, téméraire bâtisseur du Grenoble qui reste le plus cordial. Ils ont en commun l'intemporalité. Ils sont toujours là. On horrifierait les Stendhaliens en formulant la plus timide réserve sur la modernité des monologues intérieurs de la Chartreuse de Parme. Les fabrications grenobloises les plus aptes aux effrayantes compétitions économiques de la fin du XXe siècle sont petites filles de la houille blanche et de l'électricité industrialisée par Aristide Bergès. Quant au Grenoble du maire Edouard Rey, celui de l'avenue Alsace-Lorraine, de la place Victor-Hugo et de l'ondulante coulée menant à la place Grenette, il demeure, malgré tous les urbanismes postérieurs, le seul à répondre aux aspirations de divertissement, de détente gaie, et de bonheur des yeux de ceux qui passent.

Il fut donc très créatif ce XIXe siècle grenoblois. Mais Henri Beyle, dit Stendhal, lui appartient-il vraiment, lui qui, en 1800, venait de quitter, à l'âge de 17 ans, une ville natale avec laquelle il avait eu des rapports ambigus : un jugement pour le pays et un pour les gens. Grenoble, et plus encore, le Dauphiné, étaient des coins tout à fait convenables, présentant un seul inconvénient, celui d'être habités.

Autobiographie écrite en Italie par un presque quinquagénaire, «La Vie de Henry Brulard» dit tout et souvent le contraire de tout. Elle retentit d'imprécations catégoriques : «Tout ce qui est bas et plat dans le genre bourgeois, me rappelle Grenoble. Tout ce qui me rappelle Grenoble me fait horreur, non, horreur est trop noble, mal au coeur».

Ce vocabulaire conventionnel d'un ado qui s'enquiquine à Grenoble, comme on peut le faire aussi à Bar le Duc, à Dieppe ou à Vesoul, et pas seulement en 1799, a des dessous complexes. Freudiens avec 120 ans d'anticipation. Positivement amoureux de sa jolie maman morte subitement quand il avait 7 ans, le petit Henri Beyle transmua sa passion et sa détresse en ressentiment immédiat et définitif envers son papa et la globalité du corps social grenoblois. Il est vrai que ce papa, affligé, en outre, du prénom de Chérubin, n'y mit guère du sien.

Avocat au Parlement, imbu de son appartenance à une famille «des plus aristocrates de la ville», il imposa à son garçonnet une éducation engoncée dans des préjugés inflexibles, sous l'emprise d'un précepteur adéquat, l'abbé Raillane. Le regret des promenades interdites avec les petits polissons grenoblois inspirera, quelque 40 ans plus tard, à Henry Brulard cette complainte : «Jamais on ne m'a permis de parler à un enfant de mon âge».

On est ici en droit de se demander si, dans ces mémoires d'outre-Alpes, le quinquagénaire ne raconte pas carrément des blagues. Une centaine de pages plus loin, il cite «les moments les plus heureux de ma vie», ceux qu'il passa à 13 ans, dans l'intimité de ses copains Bigillion et de leur petite soeur Victorine dont il reluquait «la gorge naissante», tout en savourant les fruits que, deux fois par semaine, la famille allait cueillir dans son domaine de Saint-Ismier. Des bourgeois, par conséquent. Et pourtant un cadre tout à fait propice au départ de «la chasse au bonheur» à laquelle Stendhal se livrera toute sa vie.

Très fréquentables étaient aussi les copains de l'Ecole Centrale de la rue Neuve où Henry se gavait de mathématiques, car il avait décidé que c'était le moyen le meilleur de réussir... à Paris. Et puis, pur notable grenoblois, il y avait surtout le grand-père, le docteur Gagnon, dans l'appartement duquel l'avocat veuf et l'orphelin s'étaient installés une dizaine d'années. «Mon grand-père, homme aimable, homme du monde dont la conversation était la plus recherchée par tous, depuis Mme Barthélémy, cordonnière, femme d'esprit, jusqu'à M. le baron des Adrets, chez qui il continua à dîner une fois par mois».

Il n'y avait donc pas que des Grenoblois «bas et plats». D'ailleurs Stendhal reconnaît avoir rencontré plus tard, dans ses voyages, des gens prenant Grenoble pour «une ville charmante et pétillante d'esprit». Et il avoue : «Je ne prétends pas peindre les choses en elles-mêmes, mais seulement leur effet sur moi».

Le reste, tout le reste, n'est que littérature. Littérature-culte, bien entendu. Les Stendhaliens ont à Grenoble un pape, le professeur Del Litto. Romain installé dans la ville depuis les années 30, animateur de

Cadran solaire du Lycée Stendhal

L'eau et la Montagne, richesses de Grenoble

Parc Paul Mistral

dynamo par le physicien italien Gramme lui permit la transformation de la force hydraulique en électricité. Et la réussite de Deprez, l'utilisation industrielle d'une véritable houille blanche, selon l'expression qu'il imagina lui-même à l'occasion de l'exposition internationale de Paris en 1889.

Les Grenoblois qui finissaient le siècle en gantiers et en cimentiers, étaient déjà en train de se transformer en chaudronniers pour les conduites forcées, en électriciens, puis en électro-métallurgistes, en électro-chimistes, arrière grands-pères des électroniciens de la fin du siècle suivant. A aucun moment toutefois la ville ne bascula dans la mono-industrie. Lorsque la houille blanche inspira à Grenoble le rassemblement international de l'Exposition de 1925, Neyret-Beylier-Picard-Pictet, Bouchayer et Viallet, Joya, spécialistes des équipements hydro-électriques, Merlin-Gérin spécialiste du transport de courant, étaient mondialement connus par leurs productions de biens d'équipements. Mais les fabriques de biens de consommation ne leur cédaient en rien en notoriété. Les sous-vêtements Valisère indémaillables, cousins des gants Perrin, les chocolats Cémoi, les biscuits Brun, les pâtes Lustucru, les sirops Teisseire, les boutons-pressions, inventés par Pierre-Albert Reymond pour les gantiers, étaient populaires dans toute la France et souvent au delà.

La banlieue sud d'autre part, s'était massivement vouée à la chimie, sur une décision aujourd'hui un peu

Parc Paul Mistral

oubliée de Georges Clemenceau. En pleine guerre, le Tigre avait choisi Pont de Claix pour y établir une industrie chimique d'armement, celle des trop fameux gaz moutarde de combat.

Dans le même ordre de préoccupations guerrières les historiens de l'économie ont noté que les établissements Bouchayer-Viallet avaient dû à cette époque passer de la fabrication des conduites forcées à celle des obus... et décupler leurs effectifs.

Le terrible conflit de 14-18 devait, on s'en doute, avoir des répercussions autrement plus profondes et plus dramatiques dans les familles grenobloises. Il y a des milliers de noms sur les plaques du monument aux Morts, bizarrement inaccessible depuis qu'à la fin des années 60, la Porte de France est devenue un récif battu par les flots de l'estuaire de l'autoroute de Lyon se jetant dans la ville.

A la période 14-18 se rattache aussi une initiative grenobloise d'une portée sociale considérable. Après bien des années d'études et de persuasion, un cadre de l'entreprise de chaudronnerie Joya, Emile Romanet, obtint de sa direction la mise en place d'un système d'aide financière aux familles du personnel, première version des Allocations Familiales. La technique n'est pas le seul domaine dans lequel les Grenoblois manifestent un esprit inventif.

L'entre deux guerres 1870-1914 avait été marqué par un éclatement du périmètre urbain avec Edouard Rey.

Celui de 1918-1939 connut une poussée de croissance analogue, sous l'impulsion d'un autre maire aux vues très prospectives et aux espérances pas folles, Paul Mistral. Ayant pris, à la mode parisienne, la collaboration d'un architecte de notoriété nationale, Jaussely, il lança le programme des grands boulevards, urbanisation linéaire de tout le sud de la ville, et projeta le déplacement de la gare à la Bajatière.

On pouvait se permettre une bonne cure de rajeunissement. Grenoble comptait 100 000 habitants. Ce n'était pas une vraie métropole régionale, ni une place financière. Les grandes initiatives commerciales y restaient tributaires de capitaux extérieurs. Mais Merlin-Gérin, parti d'un atelier fondé en 1921, avait dépassé le millier d'employés. Et puis, Paul Mistral venait d'offrir Grenoble à l'admiration du monde en y organisant avec un éclat d'une incroyable audace une exposition rassemblant tout ce que la région avait apporté à la civilisation industrielle depuis un demi-siècle.

De cette exposition de la Houille Blanche, qui dura cinq mois en 1925, du 21 mai au 12 octobre, la ville a conservé son espace le plus élégant et le plus reposant, même s'il n'est plus tout à fait vert, le parc Paul Mistral, où se dressent aujourd'hui l'Hôtel de Ville, le Palais des Sports, une patinoire couverte et une de plein air.

Paul Mistral avait dû soutenir d'homériques bagarres administratives pour obtenir de l'Armée la disposition de ces terrains vagues, remparts, fossés, marécages, qui servaient aux exercices d'un régiment du Génie. Il mourut en 1932. Un autre socialiste, le pharmacien Léon Martin, commença les grands boulevards et lança, sur les flancs de la Bastille le premier téléphérique français construit en site urbain.

En cet immédiat avant-guerre, la vitalité grenobloise reposait sur la trilogie des gros biens d'équipement : Neyret-Beylier (qui deviendra Neyrpic en 1948) d'où sortaient la moitié des turbines françaises, Bouchayer et Viallet (les trois quarts des conduites forcées) et Merlin-Gérin. Mais il y avait aussi à Saint-Martin d'Hères, les biscuits Brun, leaders européen avec une production de 60 tonnes par jour, et 1800 employés. Quant à la séculaire ganterie, elle tenait encore une place étonnante. On estime qu'elle faisait vivre près de 20 000 personnes dans la région.

Rue J.-J. Rousseau

V

Quand Grenoble mérite la Croix de la Libération.

La guerre, la défaite, l'occupation allemande et italienne jetèrent leur chape d'humiliation et d'amertume, d'horreur et d'héroïsme sur une ville qui allait être admise en 1944 parmi les titulaires de la Croix de la Libération. En prélude aux combats de l'armée des ombres, la courageuse bataille de Voreppe, en juin 40, stoppa les troupes allemandes à l'entrée de la cluse, et permit à Grenoble de ne pas être occupée. Du moins pas tout de suite.

A de multiples égards, Grenoble est considérée comme un des emblèmes français de la résistance à l'occupant et aux forces de la trahison qui pactisaient avec lui. Cela tient à un très actif environnement de maquis, dont celui du Vercors. Certainement le plus important de France, il fixa près de 20 000 soldats allemands en été 1944. Mais Grenoble ne se contenta pas de son rôle de «capitale des maquis». Ses installations militaires urbaines, ses casernes, son polygone, et les centres importants de l'organisation ennemie, furent presque sans interruption, à partir de 1943, le cadre d'opérations de sabotage et de déstabilisation de l'armée nazie.

Les noms de Marie Reynoard. professeur au lycée Stendhal, du docteur Valois, du professeur Bistési, d'Aimé Pupin, fondateur du premier maquis du Vercors dès 1942, d'Eugène Chavant, son successeur, de Léon Martin, d'Albert Reynier, futur préfet de l'Isère à la Libération, de Raymond Bank, sont associés aux premiers efforts de constitution de l'Armée Secrète. Ceux de Jean Bocq, de Paul Vallier, du commandant Nal, sont liés aux très interventionnistes Corps Francs. Ceux de Paul Monval et André Dufour, à l'entrée en lutte du Front National, d'inspiration communiste. Simultanément s'intensifieront l'action des Mouvements Unis de Résistance avec le docteur Valois, Jean Pain, Jean Perrot.

Un climat d'insécurité et de défi permanent était créé chez l'occupant par les coups de mains des Corps Francs et des F.T.P., mais aussi par de courageux manifestants spontanés bravant l'ennemi à visage découvert. Le plus significatif et le plus dramatique de ces épisodes fut la célébration du 11 novembre en 1943. Plusieurs milliers de Grenoblois eurent l'audace d'y participer en un défilé qui se heurta aux troupes allemandes vers la Maison des Etudiants place Paul Mistral. Un millier de manifestants furent arrêtés. Quatre cents furent déportés. Les trois quarts ne revinrent pas.

Nullement abattus, les résistants donnèrent à leur lutte une intensité accrue. Trois jours après, le 14 novembre, l'un d'eux, Aimé Requet agissant seul, réussit l'incroyable exploit de faire sauter le dépôt de munitions du Polygone d'artillerie. Trois heures d'explosions ininterrompues portèrent un coup très grave à l'approvisionnement de l'occupant en guerre.

La réaction fut terrible. Elle déclencha une série de représailles connues sous le nom évocateur de Saint-Barthélémy Grenobloise, du 25 au 29 novembre. Une quinzaine de responsables de la Résistance furent abattus ou torturés à mort, dont le docteur Valois, Jean Bistési, Jean Pain, Jean Perrot. La Résistance montrait son efficacité et sa détermination en faisant exploser un dépôt de munitions de la caserne de Bonne, en libérant plusieurs des siens à la prison Saint-Joseph. Mais elle ne pouvait empêcher des arrestations et des morts, celles du doyen Gosse et de son fils, du capitaine Albert de

Reyniès, de Paul Vallier. Toute l'année jusqu'à la libération fut marquée par des affrontements incessants et meurtriers de part et d'autre, les actions des Français de l'ombre étant coordonnées par le capitaine Le Ray. Plusieurs centaines d'Allemands y laissèrent leur vie.

Simultanément, les combats du Vercors prenaient l'ampleur d'une opération militaire d'envergure. Et dans Belledonne, l'exemplaire compagnie Stéphane imposait la guérilla de type montagnard. L'été se poursuivit dans l'horreur avec exécution de patriotes au Désert de l'Ecureuil, cours Berriat, au Polygone où allait être découvert un charnier. En revanche, la libération de la ville les 21 et 22 août s'accomplit presque sans combat.

Les leçons de cette époque ne seront pas oubliées. Après de longues années de fonctionnement fervent, mais précaire dans un sombre appartement de la rue Jean-Jacques Rousseau, le musée de la Résistance vient d'être doté d'un immeuble digne de lui rue Hébert. L'intérêt qu'il n'a jamais cessé de susciter depuis un demi-siècle auprès des jeunes, malgré le renouvellement des générations, ne pourra que se développer dans ce cadre qui convient à la noblesse et à la nécessité du message transmis.

VI

Quand un architecte et un médecin offrent au show-bizz leurs fils, Antoine et Fugain. Quand Michallon, maire et chirurgien, débouche les artères de Grenoble avec un pontage en estacade, et commande une mairie toute neuve pour son futur vainqueur. Quand Rotschild achète un morceau de l'île verte pour y dresser trois gratte-ciel. Quand Saint-Martin d'Hères devient la deuxième ville du département.

A partir de là, Grenoble se récite de mémoire d'homme et au présent. Si un miracle se définit comme une modification brutale de la nature, il y a, à partir des années 50, un miracle grenoblois. Il faut relativiser. Globalement, tout l'occident se sent alors miraculé, emporté dans des bonheurs matériels sans précédent, et qui resteront peut-être sans équivalent dans le reste de son histoire. Mais Grenoble dispose de catalyseurs à elle : le substrat très tonique de la houille blanche, une université très réaliste, vigoureusement connectée sur les techniques d'avenir et de prospérité, de fabuleux loisirs de proximité, réponse grisante aux aspirations des nouvelles générations de cadres et de décideurs.

Bibliothèque du Campus

Sur le terrain, cela va donner une population passant de 100 000 à 160 000, plus forte croissance française de ces années là, des banlieues triplant, comme Fontaine, sextuplant comme Saint-Martin d'Hères, décuplant comme Echirolles, une agglomération proche des 400 000 habitants, un centre d'études nucléaires, un campus universitaire, un prix Nobel de Physique, des Jeux Olympiques, la célébration internationale d'un mythe grenoblois.

Des actifs considérables ont été engrangés depuis le début du siècle. On l'a vu avec Merlin, Bouchayer,

Neyrpic, Brun, Valisère etc. Après avoir caracolé longtemps en tête de cette cavalcade de l'expansion dauphinoise, deux octogénaires, emblématiques de ce temps, Paul-Louis Merlin et le polytechnicien comte Charles de Marliave (les mines de La Mure puis les essences du même nom) président de l'Association des Producteurs des Alpes Françaises, antenne régionale du C.N.P.F., se délectent dans des rôles de techniciens philosophes. En des instances multiples, ils donnent un sens à toutes ces réussites et à toutes ces espérances grenobloises. Un mot revient dans ces colloques et séminaires : symbiose. Grenoble doit l'essentiel à l'intelligente contribution de l'université à l'industrie, et à sa réciproque.

C'est le temps des Amis de l'Université et des grands congrès de l'Economie Alpine. La star en est Louis Armand, le visionnaire à la mode. Originaire de Cruseille, il revient dans les Alpes comme prophète en son pays, chante la réussite du village faucignerand du Mont-Saxonnex dans le décolletage, révèle l'existence d'un stimulus du froid, et raconte avec trente ans d'avance, le tunnel sous la Manche, le «passe-autos automatique».

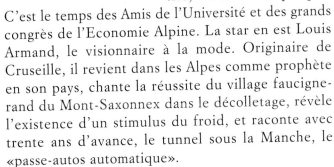

Le Polygone scientifique

Amoureux sur les bords de l'Isère

La conjoncture économique générale est ultra propice. Il y a communauté de destin entre Grenoble et le monde civilisé. Mais Grenoble y met du sien. La symbiose fonctionne à plein régime. Elle bénéficie d'atouts précieux de présences fortuites d'une fabuleuse portée, celles de physiciens émigrés d'Alsace pendant la guerre, Louis Néel, un des tout premiers spécialistes mondiaux du magnétisme, cette science qui révèle l'inimaginable mémoire potentielle de la matière et va réorienter toute notre civilisation; et Louis Weil, spécialiste des basses températures.

En 1956, sous la direction de Néel, futur prix Nobel, l'Etat installe sur les étendues vagues du Polygone, au confluent Isère-Drac, le plus important centre d'études nucléaires de province. Avec les effets d'entraînement, Ecole des Ingénieurs Electroniciens, Laboratoire d'Electronique et des Techniques de l'Informatique, C.N.R.S., réacteur franco-allemand, 4 000 chercheurs occuperont bientôt le Polygone.

En 1961, à l'autre bout de l'agglomération, à l'entrée du Grésivaudan, les planteurs de pommes de terre de Saint-Martin d'Hères et de Gières laissent les sols gris et alluviaux des rives de l'Isère au doyen Weil et aux bâtisseurs du domaine universitaire où trois ans plus tard, s'installent 25 000 étudiants, professeurs et chercheurs.

Lorsqu'il reçoit les journalistes, l'architecte Muraccioli, qui représente le rectorat sur cet immense chantier, leur glisse quelques mots sur son fils, un drôle de pistolet. Il vient d'obtenir son diplôme d'ingénieur de l'Ecole Centrale de Paris, mais rien ne l'intéresse autant que la chanson. Il s'est laissé pousser les cheveux avant que ce ne soit tout à fait la mode. Il compose et interprète sur des musiques à la simplicité provocatrice, des hymnes à la dérision du monde, des élucubrations : « A Jules qui a tué sa femme, le juge a dit : Vous ferez vingt ans. Jules a dit : Quand on aime, on a toujours vingt ans ».

Le jeune Muraccioli ne rendra pas son nom célèbre, mais son prénom, Antoine. Quinquagénaire, il continuera ses élucubrations, en vagabond des mers du sud, et en compositeur épisodique, incarnant un idéal inapplicable à tous, flottant vers la fin du siècle. Sur son bateau, entre nos fantasmes et nous.

Dans les mêmes années 60, Michel, fils du docteur Fugain héros de la Résistance grenobloise, abandonne la fac de Médecine et Saint-Martin le Vinoux, choisit lui aussi la chanson, emmène toute la France sur la route des vacances et du Big-Bazar. Il ne va plus cesser de figurer au zénith de son art. Grenoble créatrice. Grenoble jeune....

Le sport prend évidemment sa part dans toute cette salubrité. L'équipe de rugby du F.C.G. a été championne de France en 1954. Celle de foot accède en 1960 à la première division, sous la géniale présidence de Pierre Behr, le charcutier de la place Saint-Bruno dont les spécialités... alsaciennes régalent les fines gueules de tout le sud-est français. Le cycliste Bernard Gauthier concurrence Bobet en popularité en gagnant tous les ans Bordeaux-Paris. Et, bien entendu, Grenoble occupe les podiums et les têtes de pages dans les disciplines de montagne et de neige qui sont sa spécificité. Lionel Terray (L'Annapurna, le Makalu, le Jannu, le Fitz-Roy) passe pour l'alpiniste le plus chevronné du monde. Il se tuera hélas en 1965 dans le Vercors. Professeur à Champollion et auteur de plusieurs premières en Oisans, Félix Germain réorganise les activités françaises du Secours en Montagne, avant que celles-ci ne soient confiées aux gendarmes et aux C.R.S. L'aviateur Henri Giraud, pilote des glaciers, réussit l'exploit jamais réitéré de se poser au sommet du Mont-Blanc en 1960. Jean Vuarnet est, la même année, champion olympique de descente à Squaw-Valley. Son entraîneur du Grenoble Université-Club, le professeur d'Education Physique Georges Joubert codifie une méthode d'enseignement du ski de haut niveau qui fait référence dans le monde entier. Dans la zone industrielle de Fontaine Pomagalski et son émule Montaz-Mautino, avec autant d'esprit inventif que de compétence technique, perfectionnent un art dans lequel ils assument le leadership mondial, les remontées mécaniques pour stations de ski.

Politiquement, Grenoble, peu après la libération a renouvelé son affection à son vieux maire socialiste

Jets d'eau devant la Gare

d'avant-guerre, Léon Martin. Des plaies étaient à panser, des chantiers à relancer, notamment celui des grands boulevards. Ils ont pris rapidement tournure, dégageant au sud un nouveau pôle de toute la circulation urbaine, la place Gustave-Rivet. Aux visiteurs qui se demandent ce que ce nom inconnu vient faire dans la voirie grenobloise entre Foch, Joffre, Gambetta et Stalingrad, il faut répondre que Gustave Rivet, de Domène fut député de l'Isère, écrivain, et surtout ami intime de Victor Hugo, l'un des six choisis pour porter les cordons du poêle aux funérailles de l'auteur des Misérables en 1884.

Sur l'épaule la plus méridionale de Belledonne, on commence le soir à voir briller les lumières de Chamrousse, la station que fait construire le Département. Et à la cime du fronton du Moucherotte à près de 2 000 m., site inaccessible, apparaît la frêle silhouette rectangulaire du plus audacieux hôtel de France, petit palace sidéral qu'un notaire d'Aix en Provence lance comme un défi, au-dessus d'un paysage étendu jusqu'au Mont-Blanc. Brigitte Bardot en sera la cliente la plus célèbre avant la déconfiture jamais finie : les ruines de l'hôtel du Moucherotte s'effriteront toujours dans le ciel grenoblois des années 90.

Le Grenoblois le plus en vue de ces années de quatrième République est Jean Berthoin, plusieurs fois ministre (Intérieur, Education Nationale) il est nominé, comme disent aujourd'hui les gens de télévision, à l'élection du président de la République de 1954, interminable scrutin qui donne à la France René Coty. Mais jamais Jean Berthoin, longtemps sénateur de l'Isère et personnage très influent à la préfecture, ne sera le patron à l'hôtel de ville de Grenoble. En 1959, Léon Martin qui a 84 ans, doit laisser la place à une équipe de droite et du centre, dont le premier geste est de rendre hommage à cet homme de gauche. Elle lui octroie le titre de maire honoraire.

Le bénéficiaire de cette alternance, de ce mouvement de balancier qui caractérisera encore longtemps la vie politique grenobloise, est un chirurgien de 47 ans, Albert Michallon, gaulliste. Beau gosse à cheveux plats, la lippe roublarde, il a conservé des allures de carabin. Mais son passé garantit son courage et sa forte personnalité. Il fut médecin des maquis de Belledonne dans un incroyable hôpital caché sous les rochers du massif des Sept-Laux, à plus de 2 000 m. d'altitude.

Pas facilement porté vers la concertation, amoureux exclusif de sa ville, nationaliste grenoblois, il envisage souvent avec méfiance ses rapports avec Lyon et Chambéry et même avec ses voisins immédiats de la banlieue rouge. Sans s'entourer de lourds organismes de réflexion technique et conciliabulaires, parfois sans consulter ses plus proches collègues, mais habile à dénicher dans les grands ministères gaullistes, le fric nécessaire, il apporte une solution à la plupart des gros problèmes matériels grenoblois.

Le plus spectaculaire, la mise en estacade de la voie ferrée dans sa traversée de la ville, met fin à une intolérable entrave à la circulation. Sautent ainsi le passage à niveau de l'Aigle en plein cours Jean-Jaurès, et la barrière du cours Berriat dont le souvenir laissera quelques nostalgies.

Dans une préoccupation plus stratégique, Michallon, qui s'est entouré des conseils d'un des plus prestigieux architectes parisiens, Henri Bernard, auteur de la Maison de la Radio, décide de préparer un nouveau Grenoble, vers le sud où la disparition de l'aéroport Jean-Mermoz offre aux urbanistes de quoi rêver. La décision prise de retirer à l'aviation cet immense espace, de vives controverses sont aussitôt soulevées. Il y a des partisans du maintien de Jean-Mermoz. Car la solution de remplacement, Saint-Etienne de Saint-Geoirs, est à la fois trop éloignée de Grenoble et trop proche de Lyon. Il y a même des adeptes d'un aéroport sur le plateau de Champagney.

Jean-Mermoz est cependant condamné. Avec les espaces environnants, il devient une énorme Z.U.P. dont les conversations officielles grenobloises vont s'alimenter longtemps et copieusement. Michallon et Bernard voulait en faire la City grenobloise, le quartier chic, élégamment et richement ordonnancé autour d'une esplanade monumentale, surélevée, la place des Etats-Généraux, rappelant la part fondamentale de la ville dans l'histoire de la République. Les électeurs n'allaient pas permettre à ce Plan Bernard de sortir des cartons.

Un autre grand projet de Michallon a plus de chance. Il correspond à une indiscutable nécessité. La mairie elle-même, est à l'étroit depuis deux siècles dans le petit palais de Lesdiguières, blotti dans un tissu urbain délicieusement évocateur, mais totalement dépourvu de dégagements donc de parkings, affligeante nécessité de la vie moderne. Michallon décide de doter Grenoble d'un hôtel de ville digne de son avenir et de son temps. Il choisit un cadre sans confinement, le parc de l'Expo de 1925, judicieusement baptisé Paul-Mistral, et un architecte savoyard de renommée internationale, Novarina, assisté de Welti et Giovanni. Il n'occupera jamais sa mairie.

Un peu plus à l'est de la ville, il vend un gros morceau de l'Ile Verte («Il faut bien payer l'estacade», réplique-t-il à ceux qui s'offusquent de cette privatisation) à Edmond de Rotschild. Le banquier célèbre y fait construire trois tours de cent mètres de haut, 28 étages, sur des fondations de 12 mètres d'épaisseur : les premiers et sans doute les derniers gratte-ciel grenoblois, dont les façades rythmées selon un module alvéolaire inattendu, rendent tolérable l'arrogance inévitable des volumes.

D'un bond de 1500 m., Rotschild, qui a pris goût à Grenoble saute à Chamrousse. Et sur des pelouses encore vierges d'habitations, il construit, en quelques mois Roche-Béranger, probablement la station française depuis laquelle le panorama est le plus étendu, par delà le déploiement de toute l'agglomération grenobloise... où ça bétonne partout. Dans des grands ensembles, qui jetteront plus tard le discrédit sur l'urbanisme et le sens social de cette époque, mais aussi dans des usines.

Caterpillar s'installe au sud. Et Merlin-Gérin disperse ses nouvelles implantations tous azimuts, selon une stratégie d'inspiration sociale, marquée par la hantise des grandes concentrations. Ce leader incontesté de l'économie locale avec désormais près de 10 000 employés, continue à affronter brillamment un destin qui le rend dépendant d'un petit nombre de très gros contrats. Il en décroche de prestigieux dans le monde entier, mais aussi chez nous, comme le tableau de bord du paquebot France. Il développe d'étonnantes recherches sur un moteur linéaire trop en avance toutefois sur son temps.

Meylan, Le Fontanil, le quartier de la Bajatière voient pousser des usines Merlin-Gérin. L'établissement de Meylan est voué à l'électronique.

Dans les objets d'usage courant, en plastique, Allibert acquiert la renommée internationale. Et on pardonne à la Viscose de répandre, au gré des vents du sud, des odeurs singulières sur le cours de la Libération, festival olfactif et barométrique auquel apportent volontiers leur partitions, les biscuits Brun et le fabricant de caoutchouc synthétique Dystugil installé depuis peu à Jarrie.

Les cimentiers et les travaux publics ont nécessairement leur part dans ces développements. Pascal se range parmi les plus gros entrepreneurs français. L'expansion grenobloise de ces années 60 s'énumère interminablement. Sur le campus, l'université et le C.N.R.S. investissent dans les techniques de l'avenir immédiat. On installe un ordinateur d'une puissance sans précédent à l'Institut des Mathématiques Appliquées où le professeur Kuntzmann travaille à l'avant-garde des connaissances mondiales dans une branche qui nous conditionnera tous vingt ans plus tard, l'informatique. Le polygone scientifique achève de se remplir avec la coupole et les parallélépipèdes de l'institut franco-allemand du réacteur à haut-flux. Il ne restera plus qu'une place au bout de la presqu'île pour le synchrotron des années 90. A Sassenage se construit une usine du groupe L'Air Liquide. En 1962, plus de la moitié des Grenoblois travaillent dans l'industrie. Et plus de 10% des gens en activité sont ingénieurs.

C'est aussi l'année où plus de 10 000 Français chassés d'Algérie choisissent cette agglomération pour tenter d'y refaire leur vie. Leurs présences contribuent à accroître la proportion considérable d'habitants de Grenoble non grenoblois. On parle de 75%.

Les banlieues poussent aussi. On découvre que la deuxième ville de l'Isère n'est plus Vienne mais un faubourg de Grenoble, inconnu en dehors du Dauphiné : Saint-Martin d'Hères, une quarantaine de milliers d'habitants. Echirolles, ce village où avant-guerre, on allait le matin chasser la caille, et Fontaine dont le tiers de la population est de souche italienne, ne sont pas loin. Ce sont des villes «rouges». Mais les bourgeois grenoblois admettent que leurs maires, les Kioulou, les Maisonnat, les Grappe, sont des gens très fréquentables, dont l'ascendant sur leur électorat est prodigieux. Ils obtiennent à chaque consultation des scores à rendre envieux tous les soviets suprêmes.

Un personnage de taille réduite, d'âge respectable, mais de pétulance intacte, est omniprésent dans cette frénétique procession grenobloise vers l'abondance, Louis Richerot, président-directeur général du Dauphiné-Libéré. Hôtelier dans l'Ain puis à Grenoble, résistant actif pendant l'occupation, il est en 1947 venu financièrement au secours d'un groupe de journalistes qui avaient quitté les Allobroges, grand quotidien créé à la Libération, trop inféodé aux communistes, et avaient lancé leur propre journal. Il leur a apporté quelques millions, pris la présidence de la nouvelle affaire, obtenu d'autres concours financiers. Et il a lancé ses troupes à la conquête du lecteur avec la fougue irrésistible d'un condottiere n'ayant d'autre culture et d'autre doctrine que l'action, la chaleur humaine, l'identification totale d'une existence et d'un boulot : un charisme de rotatives, plus proche du bon sens et du réalisme des imprimeurs et des vendeurs que des journalistes dont la formation l'agace un peu parfois. Proche surtout du lecteur et des leaders régionaux de tout acabit, du préfet au président des boulistes, du chauffeur de taxi au gros industriel. Les Allobroges à gauche, Le Réveil à droite, ne résistent pas longtemps.

Mais les regards, les intentions fulgurantes de Louis Richerot sont braqués plus loin, vers la ligne brumeuse, hyperboréenne, de la métropole lyonnaise où règne Le Progrès, fier de sa puissance, de son siècle d'existence irréprochable et de la distinction de son patron. Emile Brémond, normalien, agrégé de l'Université, est soucieux avant toutes choses, du contenu intellectuel d'un journal qu'il a sabordé plutôt que de le soumettre à l'occupant en novembre 1942, le seul journal français dans ce cas avec le Figaro. Entre Dauphiné-Libéré et Progrès, Richerot presque toujours à l'offensive, la bataille est une des plus spectaculaires de toute la presse française. En 1955, Richerot parachute au coeur de Lyon, place de la Comédie, un commando d'une quarantaine de collaborateurs et lance en plein fief du Progrès la Dernière Heure Lyonnaise. Réplique de Brémond 4 ans plus tard : ouverture d'une agence dans le quartier le plus animé de Grenoble, rue Félix Poulat avec une trentaine de collaborateurs et une logistique qui comporte un avion basé à Jean-Mermoz.

En 1963, branle-bas de combat avenue Alsace-Lorraine, siège du Dauphiné-Libéré. Pour sortir une quarantaine d'éditions, on installe en quelques heures des linotypes jusque dans les couloirs. Richerot vient d'apprendre que Brémond a racheté les quotidiens de Saint-Etienne, et il ne peut supporter de voir son vieux rival s'enrichir de toute la clientèle de la Loire et de la Saône-et-Loire. Avec une promptitude napoléonienne, il lance depuis Grenoble sur ces deux départements, de véritables opérations aéroportées, rafle des clients par dizaines de milliers, va jusqu'à convaincre des centaines de mineurs de Montceau ou de métallos du Creusot de lire chaque matin un quotidien grenoblois. Et pour se donner les moyens de ses ambitions, il décide de construire une imprimerie puissante et ultra moderne à Chassieu dans la banlieue lyonnaise. Il l'ouvre en 1965.

Toutes les affaires grenobloises ne peuvent se permettre ces audaces qui semblent nécessaires à beaucoup. Paul Dreyfus, je crois, compare le Grenoble de l'époque à un cycliste obligé de maintenir un minimum de vitesse pour ne pas tomber. Restons dans le vélo métaphorique. Tous les suiveurs de courses savent que dans le peloton, quand ça débouche de partout, que les accélérations et les changements de rythme se bousculent, il y a des asphyxiés, des largués. Dans la course folle aux investissements, à la productivité, aux innovations, il y a quelques essoufflements dans le contexte industriel de ces années 60. Les plus chevronnés ne sont pas épargnés. Un conflit social très dur et très long secoue ainsi Neyrpic auquel un plan de redressement est imposé par son puissant partenaire Alsthom. Ailleurs, parmi les producteurs les plus connus de biens de consommation, le chocolat, les nouilles, les biscuits. la maille des soucis se profilent, souvent plus structurels que commerciaux. Le temps est commencé des grandes concentrations et des multinationales un peu partout.

Mais déjà l'actualité grenobloise comporte un objectif qui fait de l'ombre à tous les autres, une espérance généraliste : les Jeux Olympiques.

Le Palais des Sports

Le jardin de l'Hôtel-de-Ville

VII

Quand sortent de terre la gare, la poste, l'Hôtel de Ville, la Palais des Sports et une demi-douzaine d'échangeurs. Quand Michallon manque d'un service de presse. Quand Dubedout prend comme vecteur politique un robinet. Quand Malraux vient imiter Malraux. Quand la maison de la culture révèle une troublante inconnue, Catherine Tasca.

On ne sait plus avec certitude qui, du préfet Raoul (viré par De Gaulle en 1961 car il avait un peu loupé la préparation d'une visite présidentielle à Grenoble) de Raoul Arduin président du comité du Dauphiné de ski ou d'Albert Michallon, en a eu le premier l'idée. Mais une chose est sûre. C'est Michallon qui mène la bataille et qui la gagne. Président du comité pour la candidature de sa ville à l'organisation des Jeux d'hiver de 1968, il a deux ans et demi, de fin 61 au début de 64, pour constituer les dossiers, faire campagne auprès d'instances dispersées dans le monde entier. Il n'est pas seul. Mais c'est lui qui, en février 1964, à Innsbruck, devant l'assemblée du Comité Olympique International, alors présidé par le vieil Américain Brundage, prononce l'ultime plaidoirie. Des représentants de six nations sont en compétition. Les plus dangereux pour Grenoble sont les Canadiens de Calgary. Grenoble est choisie.

Beaucoup plus tard, on pourra discuter des répercussions matérielles de ce succès. Sur le moment, il a une très haute et très flatteuse signification morale. Vingt ans plus tard, mon métier de journaliste m'a permis de vivre des instants semblables à Lausanne, lorsque la Savoie obtint les jeux. J'y ai ressenti la même profonde émotion. Il faut bien comprendre en effet la portée de ces décisions, et ne pas imaginer le C.I.O. comme un gros club rassemblant des dirigeants n'ayant d'autres motivations et points de repère que ceux des sports, de leurs techniques et de leurs réglementations. Les quelque 150 nations (le monde entier à peu de choses près) qui en font partie y délèguent les plus raffinés de leurs sujets, des princes, des diplomates de haut rang, des écrivains. Des chefs d'Etat et de gouvernement se déplacent lorsque leur pays est concerné par des votes importants. Et tous ces gens ont conscience que l'olympisme représente le seul mouvement absolument universel et pacifique de fraternisation entre les peuples. Le choix qu'ils font d'une ville est un hommage qui va bien au delà de ses seules aptitudes à bien gérer un grand rassemblement. Il y a la reconnaissance mondiale de Grenoble comme une ville exemplaire, dans le choix du C.I.O. en février 1964.

Mais un an plus tard, en mars 1965, le balancier qui rythme le destin politique de Grenoble est repassé à gauche. Michallon perd sa mairie. C'est un scrutin sans appel, 2 000 voix d'écart, mais pas sans originalité. On ne va pas s'embêter...

Hubert Dubedout, le vainqueur n'est ni un triste ni un revêche. Mais ce n'est pas non plus un boute-en-train. D'ailleurs, il ne cherche pas. Dans la verticalité de son physique, de son front altier, rehaussé d'une courte chevelure souple, dans sa rigueur affable, il n'y a pas le moindre signe extérieur de démagogie ou de désinvolture. En une époque ou les uniformes viennent de disparaître des rues (les curés renoncent à leur soutane, et les militaires ne se reconnaissent qu'en service) il laisse l'impression d'avoir oublié temporairement celui du jeune et brillant officier de marine qu'il a été. Il présente intellectuellement une référence : l'Ecole Navale où n'accèdent que des bacheliers très jeunes, très brillants scientifiquement, et qui ont une vocation. Comme plusieurs autres de sa génération, il a, après quelques années sur les mers du globe, décidé de passer de la marine à la physique nucléaire, et d'entrer au Commissariat à l'Energie Atomique. En 1964, à 42 ans, ce Béarnais est un familier des décideurs locaux. Proche collaborateur de Néel au C.E.N.G., il assume, entre autres, les relations extérieures de cet établissement qui en a un très subtil besoin. Mais, dans la sixième année seulement de sa présence à Grenoble, il est inconnu du Grenoblois des couches profondes. De manière inattendue et fort astucieuse, c'est pourtant à la porte de celui-ci qu'il va frapper, et sur le thème le plus humble et le plus nécessaire : l'eau courante. Le premier vecteur politique de Dubedout est un robinet. Dans la ville de la houille blanche et des réacteurs à haut flux, en cette année de vive satisfaction olympique, le flux le plus élémentaire n'arrive plus que péniblement, voire plus du tout sur les éviers des étages supérieurs de certains quartiers du centre. Les pompes n'ont plus le souffle requis dans les captages de Rochefort. Et les canalisations du temps d'Edouard Rey pissent d'un peu partout.

A quelques mois des élections municipales, l'ancien midship prend le mécontentement au bond, et en fait le thème d'une pré-campagne. Tout à ses jeux olympiques et à ses projets monumentaux, Michallon, qui n'est pas un maire de métier, à temps complet, et ne s'est offert ni un directeur de cabinet, ni un service de communication, ne lui oppose que des réponses imprécises et embarrassées : le problème est pris en compte depuis quelque temps. Les nouvelles pompes sont commandées. Mais il y a des délais de livraison etc...

Je ne prétends pas vider pour l'Histoire cette intéressante controverse locale. Mais je me souviens d'une promenade d'investigation, accomplie un matin de cet automne là, sur les pelouses de Rochefort, et de ma rencontre très sereine avec un préposé du service des eaux. Me montrant de puissants objets d'acier et de cuivre fraîchement déballés, il me dit : «Mais les pompes, elles sont là. Il n'y a plus qu'à les brancher». En somme, Michallon a bien fait son boulot. Mais il ne s'en souvient plus. Bien faire sans faire savoir.

Et comme l'eau, conformément aux propos du préposé, retrouve presque aussitôt une pression convenable dans les étages grenoblois, c'est Dubedout

qui passe pour un magicien. Ceci n'a finalement qu'une importance dérisoire. On se doute bien que pour prendre la mairie de Grenoble, il faut des motifs moins saugrenus que ce coup fourré.

D'abord, même vierge de toutes responsabilités politiques, Dubedout est sincèrement interpellé par la chose publique. Il proclame l'obligation morale d'un certain militantisme pour les cadres de l'industrie, les techniciens et autres têtes de ce qu'on appellera plus tard la société civile. Il anime en compagnie de quelques responsables grenoblois de sa génération, un Groupe d'Action Municipale, conscient des craquements ressentis ou pressentis dans le corps social. Groupement où sont prioritaires quelques idées dérangeantes pour une certaine France de l'époque : lutte contre toute ségrégation sociale dans l'urbanisation, démocratie de quartier, écologie, animation socio-culturelle; ou nouvelles dans l'agglomération, comme la coopération entre les communes.

En outre, dans le combat auquel il se destine, il dispose d'atouts stratégiques irremplaçables. N'ayant ni mandat, ni passé, il jouit d'une image personnelle d'homme tout neuf, ce qui n'est jamais fait pour déplaire. Et surtout, n'ayant rien à perdre, il peut se permettre des audaces qui feraient trembler n'importe quel gros «sortant» C'est justement ce qu'il fait dans la recherche de ses alliances. Aux leaders les mieux étiquetés, il propose son partenariat, mais à une seule condition : qu'on lui laisse... la première place ! Le fauteuil de maire. Sinon rien. Telle est sa stratégie. Cela s'appelle refus du compromis, confiance absolue dans ses idées. C'est moralement inattaquable. Tout à fait édifiant. Et il n'y a pas à s'offusquer qu'il propose son pacte, d'abord, à Michallon, en transitant par le secrétaire national de l'U.N.R., le R.P.R. de ce temps, Jacques Baumel. Sans succès.

Il est quand même plus normal que le partenariat se constitue avec la gauche non communiste. Le leader de celle-ci, le docteur Martin, conseiller général, et fils de Léon, finit par céder la première place à ce quitte-ou-dubedouble. Et c'est une équipe tricéphale, socialiste,

P.S.U. et Groupe d'Action Municipale qui s'installe en mars 1965 dans le vieil hôtel de ville, en attendant impatiemment l'achèvement de l'autre, commandé par Michallon.

Dans une ville dont on ne cesse pas de proclamer l'activité scientifique, les industries de pointe, l'ouverture totale au monde, il est assez symbolique qu'un ingénieur encore jeune et venu d'ailleurs soit le premier. Il est en place pour 18 ans.

Avant d'appliquer les formules nouvelles, il faut préparer les Jeux dont Michallon reste très légitimement président du comité d'organisation. La partie est colossale. Il faut bâtir les équipements statutairement exigés par la fête (village olympique, centre de presse, patinoire géante, tremplin de saut, pistes, stade d'inauguration etc.) mais aussi obtenir de l'Etat le maximum d'investissements pour que la ville et ses voies d'accès soient à la hauteur de l'événement, offrent au monde une image flatteuse. Et si possible, profiter de l'aubaine pour obtenir encore un peu plus, dans l'intérêt des générations futures; débarrasser par exemple Grenoble d'édifices d'une vétusté affligeante comme la gare ou la poste. On va faire mieux que tout ce qu'on peut espérer.

Qu'on imagine sortant de terre à la fois, la nouvelle gare, la nouvelle poste, une maison de la Culture, le village olympique, la cité Malherbe, le Palais des Sports : deux rapaces aux ailes entrecroisées posés sur le parc Paul-Mistral par les jeunes architectes grenoblois Robert de Martini et Pierre Junillon. Sans oublier l'hôtel de ville, fruit d'autres contrats, le passage supérieur des grands boulevards au-dessus du cours Jean-Jaurès, les passages supérieurs des Alliés et de la rue Ampère, les échangeurs du Sablon, de la rue Arago, de Veurey, sur l'autoroute de Lyon, l'autoroute le long du Drac jusqu'au Rondeau, la voie express U2, le déplacement vers le sud des voies ferrées de la Savoie etc.

Il serait fastidieux de répartir les mérites de chacun dans ce festival sans équivalent. Mais puisqu'il faut y mettre des compétences d'administrateur hors-pair et une connaissance parfaite de toutes les arcanes de la vie publique française, dans ses sphères les plus hautes et les plus secrètes, c'est une chance primordiale pour Grenoble que d'avoir un préfet comme Maurice Doublet, qui quelques mois avant les Jeux, quitte l'Isère pour la Seine et l'Ile de France, puis la mairie de Paris.

Ces trois années qui nantissent Grenoble de la plupart de ses commodités de fin de siècle, s'écoulent conformément aux plans établis. Les bâtiments sont tous achevés dans les délais.

L'inauguration la plus médiatique et la plus gratifiante pour ses participants est celle de la Maison de la Culture dont il a pourtant fallu scier puis étirer toute la colonnade circulaire, qui s'est quelque peu affaissée avant la fin des travaux.

Malraux est là avec son éloquence au deuxième degré, qui donne toujours l'impression qu'il imite Malraux, en en remettant même un peu. Interprète du monde entier, les siècles des siècles et l'univers, en caisse de résonance, il décerne à l'établissement un passeport pour l'éternité. Et la désigne comme un phare cérébral et théologique sur l'océan des âges : «Cathédrale des temps modernes... Voici la première maison de la culture du monde. La plus grande et la plus complète du monde... »

Cette cathédrale a été proposée à Grenoble par le gouvernement, refusée par Michallon et acceptée avec enthousiasme par l'équipe Dubedout. D'emblée, elle remplit pleinement sa mission de lieu de création et de rencontres. Même si la mécanique de sa seconde salle, celle dont les fauteuils du public tournent autour de la scène, se grippe incurablement après une représentation d'une pièce de Confortès sur la course à pied : «Le Marathon».

En ces temps de conviction, d'espoir et de fierté, les membres de l'association de gestion de la Maison ont, lors des assemblées générales, leurs regards souvent distraits et attendris par la présence à la table présidentielle, d'une adolescente gracile, au profil énergique et aux grands yeux sombres. Antigone anonyme, elle n'est ni une secrétaire de direction, ni la star d'un prochain spectacle. Mais la représentante du ministre de la Culture. Elle est à peine plus âgée que ce qu'elle paraît. Elle sort de l'E.N.A. Dans quelques années, elle reviendra dans cette maison pour la diriger. Et dans quelques autres années, elle sera ministre de la Communication, Catherine Tasca.

Dans les feux de joie olympiques, crépitent aussi les étincelantes idées d'un hôtelier à la moustache gagnante, aux cheveux fugaces, mais au bras long et à l'imagination sans borne dès qu'il s'agit de promouvoir sa ville ou son métier, Henri Ducret. Créateur d'enthousiasmes et génial rassembleur de sponsors, il lance chaque année depuis son Park-Hôtel, sous le signe des grands hôteliers des Alpes françaises et avec les plus fameux cuistots Rhône-Alpes, de joyeuses opérations aéroportées à travers toute la planète, du Japon aux U.S.A., pour déballer sur place la certitude du charme et d'un certain génie alpin. Cela se renouvellera durant des décennies avec ce sommet : l'investissement du château de Vizille avec les danseuses du Lido, Bernard Pivot et un millier d'invités, pour un jubilé Paul Boccuse, sous le signe... du 200e anniversaire de la Révolution.

Automate « Van Gogh » du Magasin
de Mme Laurent

Graffitis à la Ville Neuve

VIII

Quand toute la France progressiste s'enflamme pour Dubedout. Quand la Ville Neuve devient un laboratoire d'idées. Quand l'année olympique marque aussi la fin de la carrière de Mendès France. Quand l'urbanisme et le social sont les seules armes du pouvoir municipal. Quand apparaît la race des caddynausores.

Les Jeux Olympiques ont un gros succès. Ils ont été précédés en ville, d'une furieuse agitation, mais aussi d'un délicieux syndrome paralysant, atteignant tous ceux qui, du particulier au collectif, de l'artisan au fonctionnaire, n'avaient pas vocation à l'olympisme. Quoi qu'on leur demandât, ils répondaient : «On verra tout ça après les jeux».

De Gaulle et Pompidou se sont réparti les tâches officielles. Le général à la cérémonie d'ouverture. Le premier ministre à la clôture. Le général paraît un peu frustré par le protocole olympique limitant strictement son intervention aux neuf mots de la phrase inaugurale rituelle. Une frustration plus anodine, celle de la plus petite lettre de l'alphabet, est infligée aux journalistes parisiens. Ils voudraient bien appeler rue du général Champion l'avenue triomphale, suivie par le président de la République pour accéder au stade. C'est simplement la rue du général Champon. Sans I.

Il y a 100 000 personnes dans ce stade métallique démonté aussitôt après la fête. Il y en aura 60 000 au pied du tremplin de Saint-Nizier. Ce sont les jeux de Killy et de ses trois médailles d'or, ceux de la romantique patineuse américaine Peggy Fleming, les jeux d'Autrans et de la découverte du ski nordique par toute l'Occident. En revanche, le destin de Chamrousse ne sera en rien dopé par l'événement. Et celui de Saint-Nizier encore moins, au pied d'un tremplin qui n'en finit pas de se délabrer, et d'un Moucherotte qui n'a plus ni téléphérique, ni hôtel à son sommet.

Mais il n'y a pas que les Jeux, la montagne et la neige pour faire parler de Grenoble. De portée plus philosophique, un mythe grenoblois commence à attirer l'attention de plein de Français, voire de tous les Français, si on en croit le titre d'un essai de circonstance écrit par Claude Glayman, journaliste parisien, chez Robert Laffont : « Cinquante Millions de Grenoblois». Le thème en est flatteur : «Grenoble annonce des changements dans toute la société française». Rien que cela.

A l'hôtel de Ville, la greffe du G.A.M. sur les partis de gauche a bien pris. Susceptible, mais pas sectaire, Dubedout s'est glissé avec dignité et sans démagogie dans l'habit rose d'une gauche nouvelle. Socialistes et P.S.U. se sont accoutumés à ce maire édifiant qui donne implicitement mauvaise conscience à ceux qui ne pensent pas comme lui; ne recherche jamais les effets de tribun, mais est capable d'improviser avec une séduisante clarté sur n'importe quel sujet technique ou administratif. Ils lui pardonnent de vouvoyer sa femme et de fréquenter les sacrements. A le voir accueillir et même promouvoir les idées de demain, et détester les vieilles structures, ils ont la conviction de ne pas avoir été trompés.

Ca bouge dans les services. Doté d'un cabinet, d'un service de presse, le maire fait appel à de savants concours extérieurs pour étudier les grands problèmes. Il crée une agence d'urbanisme dans laquelle les sciences humaines ont de larges prérogatives, confère à la collaboration intercommunale une structure solide, le S.I.E.P.A.R.G., vante la pluridisciplinarité, le volontarisme, la vie associative, la concertation avec la rue, la culture pour tous, cautionne les initiatives de ses collègues les plus hardis. En tête de ceux-ci, le professeur d'Histoire Jean Verlhac, Grenoblois de date encore plus récente que lui, est arrivé de Paris nanti d'un émouvant certificat de générosité démocratique : un crâne fraîchement consolidé après une fracture sous les coups des forces de l'ordre, lors de la sale répression d'une manifestation anti-O.A.S. au métro de Charonne.

La grosse Z.U.P. constituée par l'équipe Michallon-Bernard va se remplir, mais dans un esprit très différent, moins élitiste : simplement un quartier grenoblois de rééquilibrage, comportant des logements à loyer modéré, des équipements sociaux, le tout dans le nouvel esprit de collaboration avec les autres communes. Passionné d'urbanisme, Jean Verlhac enseigne cette discipline à l'Université, et met en pratique ses conceptions à travers les grands espaces libérés. Ainsi naît la Ville Neuve de Grenoble et d'Echirolles, et s'amorce une dérive «volontariste» de l'activité grenobloise vers le sud : transfert de la Bourse du Travail, de l'U.R.S.S.A.F., du tri postal, d'une centrale de chauffage urbain, construction d'Alpexpo, l'indispensable palais des foires et salons, et surtout du centre commercial de Grand Place. Initiative dont on exorcise l'inspiration franchement capitaliste en l'ornant de gigantesques fresques stigmatisant la société de consommation ! Les bourgeois de Grenoble n'en demandent pas tant. Contrairement à ce que dit Brassens, ils ne détestent pas qu'on fasse d'autres choses qu'eux. Ils sont nombreux à admettre ce socialisme là. Ils ne tiennent pas rigueur à Verlhac d'avoir, pour sa demeure personnelle, préféré le Grésivaudan à sa Ville Neuve. Et, ce qui est beaucoup plus probant, ils offrent confortablement en 1967, le siège de député de l'Isère à Mendès France qui s'est présenté avec Guy Névache, le jeune chef de cabinet de Dubedout, comme suppléant.

Fabuleuse époque que celle-ci, où la présence en ville d'un des plus fascinants leaders de la politique français et tous les enjeux symbolisés par la cité, fixent et animent à Grenoble une noria de personnages historiques. Mitterrand, Giscard, Debré, Pompidou, Schumann, Marchais, Rocard, Jeanneney attirent jusqu'à 10 000 personnes à des meetings volcaniques, et subissent parfois des chahuts pas très républicains, comme ce soir où Debré et Maurice Schumann doivent quitter l'estrade sans proférer d'autres paroles que le refrain de la Marseillaise. Le campus a donné...

Ces grands consistoires des desseins nationaux et des démangeaisons politico-sociales, connaissent leurs points faibles, leurs poings trop forts, lors des services d'action prétendument civique, et aussi leurs dérisions. Un de leurs abonnés des premiers rangs est T. brave instituteur devenu un personnage errant du folklore contemporain à la suite d'avatars professionnels et savoyards, dont son psychisme a fait les frais.

Il récite quotidiennement aux terrasses de la place Grenette, un journal parlé dont il distribue ensuite le texte ronéotypé sans inter-ligne aux consommateurs et aux passants. De droite par ressentiment vague, il proclame la nécessité de «couler le Dubedout», et il affirme que les inspecteurs d'académie connaissent par coeur la largeur des fesses de toutes les institutrices de la Savoie. Il connaît son jour de gloire à la fin d'un de ces grands meetings, animé par quelques futur président de la République ou premier ministre, sur l'avenir de la France et même du monde entier. La parole ayant été donnée à la salle, il se lève, et pesant bien ses mots : «Je crois exprimer l'opinion générale en affirmant que nous venons de vivre une réunion de la plus haute qualité. Elle me rappelle la campagne pour les municipales de 1959 à la Motte-Servolex».

Mai 68 avec ses élans du coeur, ses originalités, ses justifications profondes et ses niaiseries, ses discours qu'on aurait pu ponctuer d'éclats de rires enregistrés à la mode future, ses générosités et ses vanités, ses provocations calculées et sa violence médiatisée, s'installe à Grenoble comme chez lui. La ville des Etats Généraux et de quelque 30 000 étudiants et professeurs, lui offre un engouement musclé mais de bon aloi, une fière dose quotidienne de manifs, d'occupations de locaux, d'interpellations, de forums improvisés et évidemment une paralysie quasi-complète de l'activité. Heureusement sans incident sérieux. Violence mesurée de part et d'autre. La seule conséquence grenobloise historique de ce festival est la chute de Pierre Mendès France.

Le raz de marée gaulliste, jailli en réaction contre ce mois d'effroi, ne lui permet pas de résister tout à fait au parachutage du ministre de l'Economie Jean-Marcel Jeanneney, qui se souvient avoir été doyen de la faculté

Au-dessus du quartier Saint-Laurent, l'Institut de Géographie Alpine

de Droit de Grenoble pendant la guerre. Battu de peu, Mendès quitte définitivement Grenoble et la vie politique. Incontestablement une date dans l'Histoire de France. Jeanneney reprend presque aussitôt son ministère, laissant son mandat grenoblois à son suppléant, l'ingénieur en chef d'E.D.F. Pierre Volumard, beaucoup plus convaincant sur ses grands chantiers hydroélectriques (les barrages du Drac, c'est lui) qu'en politique.

Dubedout devient, en bonne logique, député de l'Isère aux élections suivantes, en 1973. Il est socialiste à part entière, mais il ratisse large. L'opinion de bien des bourgeois à son sujet semble se traduire ainsi : «Des socialistes comme ça. Nous, on dit oui». D'ailleurs ses adversaires renoncent à lui opposer de vrais challengers. Aimé Paquet, noble conscience de la droite dans le département, reste fidèle à ses fiefs du Grésivaudan et à ses responsabilités nationales. Et le professeur agrégé de Médecine, Guy Cabanel, après un échec prévisible à Grenoble, fait carrière à Meylan et au Sénat. En 1977, un autre universitaire, sans grande prédestination politique, le professeur Pariaud, se dévoue pour prendre la tête de la liste aux municipales. On n'ose pas placer devant lui un jeune homme de 28 ans qui pourtant est, lui, un battant prédestiné et dispose d'un titre de conseiller général, Alain Carignon.

Ces années sont donc dubedoutiennes sans partage. La ville s'est adaptée à ses nouveaux habits parfois à peine trop grands. Au Palais des Sports, Georges Cazeneuve rend jaloux les Parisiens eux-mêmes en ressuscitant des Six Jours cyclistes de classe mondiale. Alpexpo offre au Salon des Sports d'hiver un cadre digne de l'émerveillement qu'il soulève chez tous les professionnels. Réalisé conjointement avec Echirolles, Grand Place est quotidiennement cernée par des milliers de voitures de consommateurs trouvant ce qu'ils espèrent avant toute chose : des espaces pour se garer. A chaque génération ses aspirations.

Grenoble ne cesse d'attirer l'attention. Cinéaste iconoclaste et paradoxal, Jean-Luc Godard y séjourne volontiers, se souvenant que, quelques années auparavant, il y a trouvé une lycéenne, Juliet Berto, pour incarner à l'écran

sa Chinoise. Laboratoire d'idées, la cité de l'Arlequin de la Ville Neuve sert à des expérimentations concrètes et hasardeuses, annonciatrices de moeurs et de législations nouvelles : une jeune femme médecin, Annie Ferrey-Martin, militante du Planning Familial, y pratique des avortements selon une méthode inspirée de la pompe à bicyclette, la méthode Karman. Ca ne se passe pas toujours bien. Un procès s'en suit. Des cortèges, des meetings soutiennent la jeune inculpée. On y entend Gisèle Halimi venue de Paris, et qui reviendra, quelques temps plus tard, à Voiron, comme député de l'Isère.

Mais il n'y a pas que la Ville Neuve et les constructions ex-nihilo dans les grands espaces du sud. Dubedout et Verlhac s'occupent aussi du centre et des vieux quartiers, à contre-courant des idées reçues. On ne rase plus pour faire du neuf. On réhabilite. On prend son parti de la maghrébisation du quartier Très-Cloître pour en faire une médina pimpante aux rues bordées d'arcades. Il sera question de transformer en mosquée Sainte-Marie d'En-bas, qui, de toutes façons,, en a vu bien d'autres depuis la Révolution. Elle deviendra un théâtre de quartier. On réhabilite aussi Saint-Laurent. Et on s'ouvre de grands espaces au centre en achetant les casernes. Celle des chasseurs alpins deviendra le quartier Hoche.

Tout ceci est à la fois novateur et cohérent. Au fur et à mesure que se confirme son pouvoir municipal, l'équipe Dubedout démontre que sa conception de l'urbanisme repose sur l'imbrication des quartiers entre eux, procédé le plus sûr pour éviter la ségrégation. Quant à l'urbanisme, il constitue le meilleur soutien de cette ambition municipale majeure, définie ainsi dans la très savante et très indépendante Revue de Géographie Alpine : «L'affirmation d'un pouvoir local fort par rapport à l'appareil de l'Etat.»

Le meilleur soutien et probablement le seul ! Cela n'échappe pas, par exemple, au jeune auteur d'un diplôme d'Etudes Approfondies, Roland James, aujourd'hui patron de deux entreprises de transports grenobloises. Devant un jury de l'Institut de Recherche et de Planification de l'université, il dit : «Le véritable pouvoir économique est extra-muros. Le pouvoir politique local en est alors réduit à faire du social et du culturel».

Tramway au carrefour boulevard Gambetta et Avenue Alsace-Lorraine

IX

Quand Carignon arrive à la mairie avec un bagage bien a lui. Quand Grenoble joue a Trolleyville et s'entiche d'un tramway esthéticien. Quand elle devient métropole de la peinture moderne. Quand Europole fait des clins d'oeil aux plus gros centres d'affaires du monde.

Il est devenu tout à fait inutile de le décrire physiquement. C'est un des personnages les plus télévisés de France. Son visage n'est pas un événement comme ceux de Lang, de Pasqua ou même de Sarkozy. C'est un visage de certitudes et d'intentions claires. Dauphinois de souche, il n'a, en prenant, la mairie, que 34 ans et un curriculum vierge diplômes universitaires. Mais une quinzaine d'années déjà de militantisme obstiné et courageux l'ont nanti d'un bagage de connaissances de sa cité, et de l'humaine condition, qui vaut largement ce qu'on acquiert dans certains enseignements qualifiés de supérieurs. Quand on est une vocation précoce de la politique, est-ce un mauvais calcul que de se diriger vers elle avant l'heure, sans rechercher le passage par les grands corps, les sélections et les sésames patentés ? La vocation d'Alain Carignon, c'est la chose publique, et singulièrement le gaullisme dont l'oeuvre a emballé son adolescence.

Avec un autre Alain, un copain étudiant à Sciences Po, Fralon, il lance à Grenoble l'Union des Jeunes pour le Progrès, mouvement gaulliste. Il se fait un nom dans la tourmente de 1968. Et d'emblée, il se classe comme un garçon qui ne se dégonfle pas. Il s'en va porter sa contradiction, ou parfois son assentiment, dans les milieux sans espoir pour lui. Courage et souci de témoigner son intérêt à ceux qui pensent autrement, enrichissement de connaissances. Il acquiert vite la nécessaire autorité, et la légitime conscience de sa valeur. Journaliste à l'hebdomadaire régional chrétien l'Essor, et aux Affiches de Grenoble, puis chargé des relations publiques de la Chambre de Commerce de Grenoble, dont il deviendra directeur-adjoint, il ne s'éloigne jamais de l'action politique, de l'étude théorique des problèmes

mais surtout du travail sur le terrain. Il est entouré d'une équipe qu'il sait motiver et dont il saura se souvenir, le moment venu d'assumer des responsabilités.

Les premières arrivent en 1976. Il est élu conseiller général à Grenoble, au terme d'une campagne astucieusement adaptée. Au porte à porte. Les états majors de droite le trouvent trop jeune pour en faire leur leader aux municipales de 77. Il attendra six ans... sans les perdre. Titulaire d'un diplôme de l'Institut d'Administration des Entreprises, cadre supérieur à la Chambre de Commerce, il se fait mieux connaître des instances nationales du R.P.R. et s'impose au Conseil Général de l'Isère. En 1983, il se sent depuis longtemps prêt à prendre en mains le destin de sa ville, et à se draper dans une autorité d'une pointure toute nouvelle. Suffisante pour s'imposer en leader de l'opposition dans tout le département. Deux ans après avoir fait sauter Dubedout, il éjecte Mermaz de son siège de président du Conseil Général. Mermaz, président de l'Assemblée Nationale ! Une sorte de revanche posthume pour l'ancien maire de Grenoble, mort en montagne quelques mois auparavant, sans avoir, dit-on, guéri complètement les plaies provoquées par l'ingratitude des mitterrandistes à son égard.

L'autorité d'Alain Carignon a désormais le label national. Il en a tout à fait conscience. Et quand Chirac lui propose un secrétariat d'Etat à l'Environnement, il répond que seul un portefeuille de ministre l'intéresse. Il obtient illico satisfaction. Nous sommes en 1986. Il a 37 ans. A Grenoble, il a déjà relevé un premier défi : le tramway.

Lors de sa campagne de 83, il a promis aux grenoblois d'organiser le plus vite possible un référendum sur

Rue Général Marchand

Plan Notre Dame.

l'opportunité de l'implantation d'un réseau de tramway en pleine ville. Innovation bien paradoxale que de réintroduire un dispositif dont on s'est débarrassé il y a moins d'un demi-siècle parce qu'il était désuet et gênant ! Mais ça fait plaisir à tout un électorat écolo et à l'active association pour le développement des transports en commun, qu'anime le polytechnicien atomiste Jean Sivardière. Voici que le référendum impose le tram. Carignon ne peut pas reculer. Il se comporte comme s'il n'en avait aucune envie. Plutôt que de fabriquer un tram, juste pour sauver la face, de bas de gamme, timide, discret, soucieux de passer inaperçu, il décide d'en faire le personnage emblématique de toute l'indispensable rénovation du centre de la ville. Ce n'est plus Grenoble, c'est Trolleypole.

Depuis Europole d'où il émerge sur des rampes de lancement aux courbes sémillantes, jusqu'à ses lointains terminus de Grand-Place, de Sassenage et du campus, l'agglomération toute entière s'est mise en frais pour son tramway, a refait ses chaussées avec une élégance de Renaissance italienne, a dressé des portiques de triomphe et des fontaines qui ont des miroitements de diamants, lancé un viaduc bleu sur l'Isère et l'autoroute de Savoie, a refait ses halles, et même, sa cathédrale et son vieil évêché. Des quartiers entiers comme celui des places Sainte-Claire et Notre-Dame, y ont trouvé une fréquentation et des charmes nouveaux, dans le respect de leur architecture et de leur vocation commerciale séculaire.

Un tram allégorique, un prince charmant en tunique gris perle et bleu venu réveiller une belle aux voies dormantes. La littérature contemporaine, qui voit des mythes partout, pourrait en faire au moins le héros d'une bande dessinée : un tram anthropomorphique, qui attraperait la grosse tête, en contemplant les tapis

Œuvre d'A. Mac Collum (Musée de Grenoble)

multicolores déroulés devant lui et toutes les tentatives de séduction d'une ville soudain aguicheuse...

Le tram est un succès. Heureusement. Ses voitures sont toujours convenablement garnies et, à certaines heures, bondées. Une clientèle aux fesses calées presque au ras du sol, glisse à cadence confortable à travers la cité qui commençait à avoir besoin de cette cure de rajeunissement. Le tram, moyen de transport et vitamine.

Un autre défi de Carignon est le nouveau musée. Plus de 200 millions dans un investissement d'une urgence voilée, ça ne s'assume pas sans explication. Dix ans avant de prôner l'exception culturelle, pour le cinéma et les chansons, le maire-ministre en a préconisé une pour la peinture, avec la caution morale de ses prédécesseurs et adversaires. Dubedout et ses collègues y ont déjà pensé. Et même Lang et Mitterrand. C'est qu'en effet, dans les arts plastiques, Grenoble se doit d'honorer un héritage extraordinaire que le grand public ne soupçonne pas toujours. Entre les deux guerres, la ville des électriciens, des fabricants de conduites forcée, du chocolat, des nouilles, des biscuits et des sous-vêtements, a eu l'avantage de confier son vieux musée à un conservateur visionnaire, André Farcy, qui a tout simplement découvert Matisse. De la volonté même de celui-ci, son tableau le plus mondialement connu, «L'Intérieur aux Aubergines» est au musée de Grenoble. Il l'avait vu partir chez un collectionneur étranger avec tant de regret qu'il l'a racheté, et l'a remis à Farcy pour qu'il reste en France.

De Matisse, Farcy est passé à Picasso, Chagall, Soutine, Renoir, aux fauves, aux cubistes, Derain, Marquet, Chirico, Ernst, grâce notamment à un legs inestimable de Georgette Agutte et Marcel Sembat. Depuis un demi-siècle, le musée de la place de Verdun,

Le Musée de Grenoble

Le Musée de Grenoble

élégant mais trop petit, était considéré comme le plus intéressant de France en art moderne et l'un des tout premiers d'Europe. Ses richesses représentatives des autres époques (Rubens, Véronèse, Zurbaran, Philippe de Champaigne, Georges de la Tour) étaient considérables et incomplètement exploitées. L'idée de donner à tout ce patrimoine de 1 500 chefs d'oeuvres un cadre digne de lui s'était imposée depuis une vingtaine d'années. Carignon et ses collègues ont eu le mérite de concrétiser et de choisir un site : un parking improvisé sur l'emplacement d'une ancienne caserne d'infanterie. La caserne s'appelait Vinoy. Le parking : Salvador Allende.

C'est central, riverain de l'Isère, et ça rappelle un peu d'Histoire. L'hôtel de ville se dressait là au XIVe siècle. Il en reste une grosse tour, celle de l'Isle. Des architectes grenoblois, Olivier et Antoine Félix-Faure et Philippe Macary ont été choisis en 1987, ainsi qu'un conservateur, Serge Lemoine, professeur à l'Ecole du Louvre. L'inauguration, fin janvier 1994, par Edouard Balladur, est un coup média- tique exemplaire : Toute la France reçoit la conviction que c'est l'événement artistique national le plus important après le nouveau Louvre. Et ce n'est pas une fausse conviction. L'édifice a une superficie de 18 000 m². Le chemine- ment de toute la visite dépasse 2 km. Température et hygro- métrie sont constantes. Les éclairages sont zénithaux.

Les murs extérieurs ont des reflets changeants au gré des saisons. Il y a salle de conférence, bibliothèque pour 40 000 ouvrages sur l'art. Chaque tableau a son histoire. Le gigantesque Rubens «Saint-Grégoire», près de 5 m. de haut, fut peint en Flandres sur commande du Vatican. Quand il arriva à Rome, les monseigneurs le trouvèrent provocateur et suggestif. Ils le renvoyèrent à son illustre expéditeur. Rose et dodue, la jeune dame de gauche, au

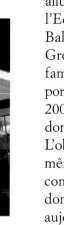

premier plan, leur avait paru trop appétissante pour être offerte, pendant les offices, aux jeunes regards des clercs et des séminaristes. Bien que ses organes zénithaux soient très chastement voilés.

Le troisième grand défi de Carignon, c'est Europole, qui va combler les espaces restés vagues entre la gare et le polygone scientifique. Bras d'honneur à la crise écono- mique qui désole tout l'occident, cette cité projette Grenoble dans le XXIe siècle, à grands traits architectu- raux inspirés des World Trade Centers les plus imbus d'eux-mêmes. Clin d'oeil des Alpes à Wall Street, à Toronto, à Chicago, à Tokyo et aux dragons d'Extrême-Orient, si on décode les allures de pagode sombre de l'Ecole de Commerce. Balayez les complexes. Grenoble tutoie les 200 familles du négoce contem- porain. Il n'y a au monde que 200 villes dotées d'un W.T.C. dont une huitaine en France. L'objectif : concentrer sur un même site tous les outils de communication moderne dont les entreprises ont aujourd'hui besoin. La Chambre de Commerce est la locomotive du projet ; elle installe à Europole son service GREX d'aide à l'exporta- tion, et ses établissements de formation, à commencer par l'Ecole Supérieure de Commerce. Suivent Schneider-Europe, Merlin-Gérin, France-Télécom, E.D.F., le Crédit Lyonnais.

On fait observer que tout ceci — une quarantaine d'entreprises et 500 salariés — concerne plutôt des transferts de services fonctionnant déjà ailleurs, en ville. Il n'empêche qu'en 1994, en comptant les étudiants, il y a quelque 2 000 personnes à Europole, 20 000 m² d'appartements, trois hôtels ; que le programme d'occupation des 25 hectares s'accomplit à la cadence prévue ; qu'on a la certitude d'autres implantations

Le Carrousel

garantit souvent la vivacité de l'esprit. Les athlètes de ce temps savaient que René Michal était un fonceur. Mais se doutaient-ils que, quarante ans plus tard, bourgeois-gentilhomme nullement étonné de lui-même, il jetterait sa force placide dans la poussée des plus grands événements grenoblois....

Son cas n'est pas unique. Après le boulanger, il faut maintenant appeler dans nos pages, le coiffeur.

Ca donne un refrain, célèbre, mais à l'envers et sans conditionnel. Un artiste qui chante : «J'aurais voulu être businessman». Et qui le devient par délégation de ses concitoyens. Au coiffeur Jean Marandjan, lauréat de concours internationaux dans l'équipe de France de la Coiffure, les Grenoblois ont confié leurs deux plus vastes palais, celui des expositions et celui des sports. Les artisans lui ayant confié aussi la présidence de leur toute neuve et très influente chambre de Métiers, il figure au tout premier plan des Grenoblois de référence.

Comme Michal, il reste fidèle à ses origines et à son boulot. Il est de la place aux Herbes, le dernier village du centre ville. Il y a grandi. Et c'est là que fonctionne son institut capillaire, entouré de la boucherie Boudoudou, du petit marché couvert, du restaurant l'Epicurien, d'une épicerie asiatique, d'une pâtisserie sicilienne, et des bistrots où il fait bon retrouver les copains en fin de matinée.

Cette part prise par le boulanger replet et par le coiffeur racé dans les affaires de la ville des informaticiens et des atomistes, en garantit l'humaine tendresse, comme dirait Macbeth. Marandjan, comme Michal, a commencé par militer autour de lui, animant et fortifiant le syndicat des coiffeurs... et l'amicale des 500 Arméniens de Grenoble. Dauphinois de naissance, très précisément Tronchois, comme tant de Grenoblois dont les mamans accouchèrent à la maternité de l'hôpital, il est fier de son ascendance, et content d'avoir doté les Arméniens d'une Maison de la Culture Arménienne et d'un journal.

Pour ce passionné de Grenoble, présider les artisans, c'est revenir à de vraies valeurs, faire de la chambre de Métiers un lieu pédagogique, donner son plein rayonnement au label Artipolis, créé pour certifier l'irréprochable qualité d'une prestation ou d'un produit, et, dans une conjoncture difficile, sauvegarder l'étonnante diversité d'entreprises nombreuses à travailler pour les grands de l'industrie.

Mais c'est à la présidence d'Alpexpo que Jean Marandjan occupe le devant de la scène grenobloise. Il y a affiché un tel esprit d'initiative que, de ce palais des Expositions, ses prérogatives ont été étendues à celui des Sports. Ce qui fait en réalité trois, car, sur sa proposition, on a inséré dans Alpexpo la plus grande salle de spectacles de Grenoble, celle des grandes tournées du show-bizz, le Summum, que dirige Pallacio : 3 000 places assises et 5 000 dans la «configuration Concert», une centaine de spectacles annuels avec les plus grandes stars françaises. Quant aux expositions, 25 par an, une activité qui a triplé en 10 ans, elles situent Alpexpo dans les cinq premiers parcs français. Il y a une soixantaine d'employés permanents. Ca ne coûte rien à la collectivité. Et il en est de même pour le Palais des Sports dont le déficit d'exploitation était auparavant de plusieurs millions.

L'affiche la plus typique en est celle des Six-Jours cyclistes, que Paris et Bordeaux envient. En trois ans, le public a quadruplé passant à 48 000 pour l'ensemble de la fête. La recette : des prix accessibles, une gastronomie de masse et un artiste tous les soirs. Des coureurs aussi...

Une femme en est la star, Jeannie Longo, incontestablement le personnage le plus connu du sport grenoblois actuel, le plus médiatisé. D'autres Françaises ont été championnes du monde de vélo jadis. Et elles n'étaient pas sottes. L'une d'elles était même infirmière. Mais, de l'arc en ciel, leur maillot avait à la fois les couleurs et la précarité : aubaine passagère dans un dérivatif incongru. Allez donc établir des harmonies entre l'acier des cadres en 5 dixièmes et les chevelures flottantes sur des hanches prometteuses ! Longo ne s'est pas contentée d'être championne ou recordwoman du monde, un nombre incalculable de fois. Elle a donné au cyclisme féminin une esthétique et une crédibilité. Elle lui a ouvert les portes du merveilleux conservatoire du geste qu'est le sport de haut niveau. Et tant mieux si ça ne s'est pas toujours fait dans l'amabilité.

Les instituts de communication devraient étudier dans son imprévisible complexité le cas Longo. Son accès aux plus hauts sommets de la notoriété est largement

Cours Berriat

justifié par ses exploits. Mais elle s'est projetée plus haut encore, dans les couches d'ozone de la confiance humaine, où on peut, sans le faire exprès naturellement, accréditer le non-dit, par exemple qu'avoir mauvais caractère c'est avoir du caractère, ou que le record du monde des dames est meilleur que celui des messieurs.

Le cyclisme grenoblois, c'est aussi Bernard Thévenet, deux fois vainqueur du Tour de France, établi depuis une quinzaine d'années à Saint-Ismier, et un dirigeant de notoriété internationale, Thierry Cazeneuve, organisateur du Critérium du Dauphiné-Libéré, créé par son oncle en 1947. D'autres sports ont à Grenoble des représentants de réputation mondiale : l'automobile de rallye avec Bruno Saby, vainqueur du Monte-Carlo et du Paris-Dakar, et le champion de France Béguin, la Formule Un avec Philippe Streiff dont la carrière a été tragiquement brisée, l'alpinisme avec l'ingénieur Pierre Béghin, un des meilleurs spécialistes de l'Himalaya ou il s'est tué en 1992, l'athlétisme avec le perchiste Philippe Collet de l'A.S.P.T.T., la boxe avec la fameuse écurie échirolloise du manager Tesseron et son champion du monde Jacquot, le hockey, le volley, le canoë et le kayak avec les internationaux Brissaud, et surtout le ski avec Perrine Pelen du G.U.C. (par ailleurs grand club d'athlétisme) souriante et discrète, mais leader français de toute une génération de slalomeurs, elle-même championne du monde dans une discipline où l'émulation est terrible depuis longtemps.

C'est beaucoup, mais c'est peu pour une ville qui se considère comme un modèle de dynamisme et de jeunesse. Il en irait autrement si, d'une part les pratiquants grenoblois ne se dispersaient pas dans une étonnante variétés de disciplines (chaque année, Guy Dallut, président de l'Office Municipal des Sports salue des dizaines de champions de France appartenant à toutes les fédérations) et si la jeunesse ne ressentait pas l'appel tout proche des grandes activités de loisirs montagnards. Le cas du foot, qui a besoin d'un socle ultra robuste de public et de supports financiers pour atteindre le bon niveau national, est typique. Voici pour lui 30 années de fiasco, d'espérances renouvelées et déçues, de nostalgies, comme, dans les rues de Meylan, la silhouette trapue d'un retraité qui fut le meilleur entraîneur français de son temps, Albert Batteux (Reims, Saint-Etienne, Nice, Marseille, l'équipe de France de 1958 etc).

En définitive, un seul sport maintient le nom de Grenoble en permanence parmi les tout premiers de France, le rugby. Finaliste du championnat de France en 1993, 39 ans après avoir conquis le titre. Le F.C. Grenoble-Rugby, que cautionne depuis 1992 Jacques Fouroux, n'a jamais cessé de côtoyer l'élite. Et les plus grosses affluences de la France du ballon ovale sont rassemblées régulièrement dans sa «marmite» de Lesdiguières, le plus beau stade français uniquement consacré aux quinze. Un public dont certains dirigeants font observer, sans racisme régionaliste bien entendu, qu'il renferme une fière proportion de Dauphinois de souche, que sa tribune d'honneur déborde de notabilités et de pouvoir d'achat. Le rugby à Grenoble : une institution.

XI

Quand 10 000 chercheurs constituent le deuxième pôle scientifique de France après Paris. Quand le synchrotron s'apprête à surpasser les U.S.A. et le Japon. Quand Los Angeles adopte les cameras inventées à Grenoble. Quand les universités reviennent en ville. Quand les magasins du centre sont menacés. Quand les grenoblois se donnent la comédie.

Selon une synthèse publiée par la Revue de Géographie Alpine et inspirée par le recteur géographe Frémont à la fin des années 80, le sport est avec la liberté et la science, l'un des «trois groupes de valeur qui dominent la culture grenobloise». On ignore l'épaisseur qu'aurait un annuaire répertoriant toutes les activités scientifiques grenobloise à l'époque du synchrotron. Un «pôle universitaire et scientifique» rassemblant la plupart de ces activités, a été constitué. Il est le plus important de France après Paris : 197 laboratoires et 8 000 chercheurs. Président de ce pôle, le professeur Jean-Marie Martin parle carrément d'un prochain équivalent grenoblois du Massachusetts Institut of Technology.

Nonagénaire, Louis Néel, retiré à Paris, a donné son nom à un polygone scientifique saturé. Une nouvelle cité vouée aux sciences est prévue au sud de la ville, dans un quartier non prédestiné, puisqu'il porte les noms de Musset et Vigny. Mais il y a aussi le campus, le quartier Joseph-Fourier où naquit l'Institut Polytechnique, la Z.I.R.S.T. de Montbonnot où s'installe l'Institut National de la Recherche en Informatique, celle de Meylan avec le C.N.E.T., le Centre hospitalier universitaire, et tous les centres de recherches des entreprises privées.

Comme un fils que Saturne aurait envoyé sur terre au confluent de l'Isère et du Drac, le synchrotron, deux milliards de francs, a pris sa forme définitive de pneu blanc de 850 m. de circonférence. A des vitesses à faire rêver Marandjan, les électrons y débusqueront les derniers secrets de la matière inerte et vivante : dix fois la densité d'image d'un scanner. Chaque année, 5 000 chercheurs du monde entier lui donneront à lire leurs propres expériences sur les métaux, les virus, les cellules conditionnant l'évolution de fléaux comme le cancer, l'ostéoporose, la maladie de Parkinson, ou sur la recherche de médicaments nouveaux. Partenaires dans cette réalisation : France, Allemagne, Italie, Suisse, Grande-Bretagne. Nations qui estiment en l'occurrence être en avance sur les U.S.A. et le Japon.

A côté, autre sonde de la matière, l'institut Laue-Langevin (France, Allemagne, Grande-Bretagne, Espagne, Autriche) fondé en 1967, repart avec un autre réacteur à haut-flux de neutrons, et 400 physiciens en permanence, sous l'autorité de Jean Charvolin. Pionnier dans la presqu'île, le C.E.N.G., 2 500 personnes, illustre l'infinie diversité des sciences atomiques. Des médecins grenoblois, Chambaz (biologie cellulaire) ou Colomb (immunologie) y poursuivent leurs recherches. Des archéologues profitent de Nucléart, l'atelier où sont régénérés des pirogues ou des navires grecs coulés il y a 2 000 ans. Ailleurs, on étudie l'adaptabilité de la voiture électrique aux exigences de demain, recherches également en cours dans les laboratoires de Merlin-Gérin. Les travaux du Laboratoire d'Electronique, de Technologie et d'Instrumentation, le LETI, ont eux aussi une retentissement international. En outre, deux super-ordinateurs font du C.E.N.G. un centre de calcul unique en Europe à la disposition d'utilisateurs payants, notamment les universités.

De souche grenobloise depuis la houille blanche, la mécanique des fluides rassemble 400 physiciens dont le plus éminent, Alain Moreau, est membre de l'Académie des Sciences. Au laboratoire de cristallographie du C.N.R.S. que dirige Louis Thorence, on est sur la voie de

Le Cyclotron

la généralisation de l'usage des métaux supraconducteurs, qui transportent le courant sans perte d'énergie. On les a exorcisés de leur vice majeur : n'être efficaces qu'à une température de moins 273°.

Le glaciologue Claude Lorius, président de l'Institut Français pour la Recherche et la Technologies Polaires, est un des spécialistes de l'Antarctique les plus connus dans le monde. Bénéficiant de tout ce contexte, et bientôt, du synchrotron, la recherche médicale est, elle aussi, très active. On inaugure en 1994, l'Institut de Cancérologie Albert Bonniot, unique en Europe pour la complémentarité qui s'y manifeste entre médecine, informatique et biologie. Une centaine de personnes y sont installées. Au C.H.U. se poursuivent d'autre part les recherches des professeurs Micoud (maladies infectieuses) Vrousos (cancérologie) et Benabid dont les travaux et les interventions en neurochirurgie ont une audience internationale.

Mais la recherche et l'innovation ne restent pas l'apanage des grands établissements publics et des gros industriels. Exemplaire est ainsi le destin de Jean-Pierre Beauviala, inventeur de caméras dotées d'un système inédit de marquage du temps. Ses Super-Aaton ont été adoptées par Universal-Studio de Los Angelès. Il fait aujourd'hui 30 millions de chiffre d'affaires avec 42 salariés dont 15 ingénieurs. C'est aussi l'Amérique qu'a conquise avec son équipe, Yves Michnick de la société Méthodes et Ingénierie de Production, installée à Seyssins. Une huitaine de personne dont 5 ingénieurs réalisent des centrales d'assemblages de disquettes informatiques, des machines de contrôle automatique de la fabrication de cordes métalliques de haute précision. Parmi leurs clients, Gibson, le plus célèbre fabricant de guitares du monde.

Ce sont les autoroutes françaises et bientôt celles du Maroc et de l'Arabie Saoudite, qu'a conquises la Grenobloise d'Electronique et d'Automatisme, leader français des instruments de péages : une centaine de collaborateurs dont le quart sont ingénieurs. G.E.A. a été fondée, dès sa sortie de l'Institut Polytechnique de Grenoble, par Serge Zass.

En amont de tout ceci, il y a l'enseignement. Avant d'aborder la 4e décennie de son âge, le campus va changer. Un architecte anglais, Peter Ahrends, a gagné le concours international d'idées, lancé pour le rajeunissement de cet ensemble «végétal et architectural». Il a prévu une artère centrale où le commerce local aurait droit d'implantation. L'idée majeure est de mettre fin à la coupure entre la ville et son enseignement supérieur. C'est le voeu de nombreux Grenoblois. Mais c'est aussi une nécessité matérielle, avant que la population étudiante ne passe des 40 000 actuels (dont 8 000 étrangers) aux 50 000 prévus pour le début du 3e millénaire. Une partie des étudiants vont donc revenir dans l'agglomération, à Saint-Martin-d'Hères, dans l'îlot laissé par les Biscuits Brun (Sciences et Technologie), à Echirolles (Communication), et à Grenoble, quartier Musset-Vigny (Sciences de la Ville et Géographie alpine).

Sur fond de crise, de récession et d'inquiétude pour leur emploi et celui de leurs enfants, de quoi vivent les Grenoblois ? Quelles sont les forces productrices de cette agglomération de plus de 400 000 habitants ? Epargnée par la mono-industrie, la capitale des Alpes dispose cependant d'un leader institutionnel de pointure mondiale : Merlin-Gérin. Aucune crise conjoncturelle ou autre, ne semble avoir de prise sur l'entreprise fondée en 1921. Elle colle à toutes les évolutions, surmonte toutes les vicissitudes. Sauf celle de sa propre identité. Merlin-Gérin est désormais intégré dans le groupe Schneider. Un centre de décision, un de plus et le plus gros, a quitté Grenoble. Ce qui a pu faire dire à Jean Vaujany, dernier président de Merlin-Gérin autonome, et aujourd'hui président de l'Union Patronale de l'Isère, qu'il n'y a plus à Grenoble qu'une seule grosse affaire indépendante, les boutons Reymond.

Il ne faut pas méconnaître les risques que ces modifications structurelles font courir à l'emploi. L'important, au sujet de Merlin-Gérin, c'est que ses centres grenoblois de production, répartis géographiquement sur les trois branches de l'Y de l'agglomération, demeurent. Et puis, à notre époque, la dimension mondiale se conçoit difficilement sans ces intégrations. Auteur d'un bulletin mensuel de conjoncture économique dauphinois, Jean Rechatin, directeur de la Banque de France de Grenoble, fait observer qu'au niveau international, le P.D.G. actuel de Merlin-Gérin, Daniel Melin, pèse autant que ses prédécesseurs. Quant au poids de son entreprise, il est de 21 milliards de chiffre d'affaires, dont 17 à l'exportation, et un effectif total de 30 000 personnes réparties à travers le monde, dont une huitaine de mille à Grenoble.

Merlin-Gérin est notamment un des grands spécialistes mondiaux de la fabrication des onduleurs, appareils assurant la continuité rigoureuse de l'alimentation des ordinateurs en courant électrique.

Moins considérables en chiffres, mais très bien placés au plan international dans leur branche, sont Cap Gemini Sogeti, leader européen du service informatique, fondé par le Grenoblois Serge Kampf (plus de 8 milliards de chiffre d'affaires, et quelque 20 000 collaborateurs à travers le monde), Thomson dont les «puces» sont compétitives avec celles des Asiatiques, les Américains Hewlett-Packard, matériel électronique, en ses établissements d'Eybens et de l'Ile d'Abeau (3,5 milliards et plus de 3 000 personnes), Beckton Dickinson, matériel médical, à Pont de Claix (850 personnes dont le siège européen de la firme), Caterpillar sur Grenoble et Echirolles (1 600 personnes), ainsi que Rhône-Poulenc chimie à Pont de Claix.

Parmi les pionniers de l'industrie traditionnelle grenobloise : les ciments Vicat, présidés par Jacques Merceron-Vicat, Neyrpic, la S.D.E.M. du groupe Alsthom, le groupe Reymond, présidé par Alain Reymond, passé depuis longtemps des boutons aux fixations techniques pour l'automobile et le bâtiment. Les plastiques Allibert, les chaux Balthazard et Cotte, les sirops Teisseire, les engins de remontées mécaniques Pomagalsky, présents dans 45 pays, etc.

Nous avons vu que d'autres, parmi ceux qui rendirent Grenoble célèbre naguère, ont disparu, même si leur marque perdure sous d'autres formes de production. Les espaces laissés par Lustucru et Valisère sont en cours de réaménagement en une Z.A.C. baptisée Saint-Jean, car elle s'étend jusqu'aux abords de cette église des grands boulevards. Les emplacements de la Viscose pourraient être intégrés dans les ensembles de Bachelard. Cémoi a été depuis plusieurs années partagé entre des artisans et P.M.E. Bouchayer-Viallet a vu un de ses ateliers devenir musée de peinture moderne.

Peu nombreuses sont les grosses affaires grenobloises qui, comme jadis, portent le nom de leur patron. Et peu nombreuses sont les grands patrons grenoblois qui ont le temps et le désir de jouer un rôle extra-professionnel de notable dans la cité, comme certains le firent en des temps pas si lointains. Le Grenoblois moyen connaît mal ses grands industriels. Qui sait que Merlin-Gérin a pour président Daniel Melin, Hewlett-Packard, Klebert Beauvillain, Becton-Dickinson, Werner de Backer. Et qui sait que Serge Kampf est un des plus fidèles soutiens du rugby grenoblois et français !

Un seul manager dauphinois avait tenu, dans les années 80, à se lancer avec éclat dans la communication de masse et le grand sponsoring sportif avec brillante écurie cycliste sur le Tour de France, vedettes mondiales de la boxe dans son image de marque, passages réitérés aux heures de grande écoute à la télévision. Pas pour lui-même, car il est d'un naturel cordial et modeste, mais pour son entreprise. Ce tintamarre ne lui a pas réussi. L'aventure de Marc Braillon et de R.M.O. travail temporaire, qui créa quelque 2 000 emplois avant de disparaître, appartient à l'histoire du Grenoble contemporain.

Est-il nécessaire enfin de mesurer la place importante qu'occupent ici, comme dans toutes les villes de cette taille, les activités tertiaires et les services publics : la Poste (3 500 personnes) France-Télécom (1 800) la Caisse d'Epargne (1 100) le Crédit Agricole (900) etc.

Où les Grenoblois dépensent-ils quotidiennement leur argent ? De plus en plus à la périphérie. Et ça n'a rien d'original. Toutes les villes d'Europe en sont là. Il y a 62 caisses côte à côte sur la même frontière à Carrefour d'Echirolles pour chiffrer le contenu de 2 000 caddies tout neufs. Ils ont été renouvelés en 1994 ! Il ne faut surtout pas laisser se détériorer les caddies ! Qu'ils viennent à disparaître, et ce sont tous nos circuits de distribution frappés d'infarctus. Avec un tout petit peu moins de caisses, ce sont les mêmes rites, du matin au soir, à

Théâtre de la Ville

Théâtre de la Ville

La Casa Maure

Carrefour de Meylan (9 000 clients le mardi, 14 000 le samedi, sans compter les messieurs en congé ou à la retraite accompagnant la maman), à Continent de Saint-Egrève, à Rallye (naguère Record) de Saint-Martin-d'Hères et de Sassenage, à Leclerc de Comboire.

Là aussi, Grenoble est dans les leaders. Les statistiques parlent. Les grandes surfaces y sont plus grandes encore que la moyenne nationale. Mais elles sont moins nombreuses. Un classement d'un autre type, ne concernant que les villes de plus de 40 000 habitants, n'accorde à Grenoble que la 115e place sur 140. On n'en finirait pas de relativiser. L'ampleur du phénomène, qui englobe les grandes surfaces spécialisée (ameublement, électroménager etc) est évident. On est passé d'une cinquantaine de points de vente à 300, en une vingtaine d'années.

Il y a des soubresauts. Les murs de Grand Place étaient restés propriété de la Ville. Elle a réussi à s'en défaire pour 123 millions. Mais la transaction la plus retentissante fut, en 1991, la vente des Record à Rallye, groupe breton. Les Cathiard ont vendu au bon moment, et très comme il faut. La preuve : quelques mois plus tard, Rallye était racheté par Casino. L'argent rapporté par Record a été partiellement réinvesti dans un vignoble en Médoc.

Cette centrifugation des dépenses des ménages grenoblois s'est accomplie au détriment des magasins du centre. Leur part dans les achats quotidiens était de 90%. Elle est tombée à 5%. L'épicerie de quartier est la plus touchée, ainsi que l'équipement sportif, la librairie-papeterie, la lingerie. Ce phénomène est attristant, et il ne va pas dans le sens des efforts faits pour égayer et animer le centre ville. Le commerce est une composante irremplaçable de cette vitalité. A quoi bon des oriflammes et des fontaines lumineuses, devant des vitrines mortes ! Toutes les villes de France sont sous cette menace que la crise économique générale rend encore plus pesante. Mais la dégradation, que certains attribuent à d'autres causes, plus personnelles, n'est peut-être pas fatale. Des formules commerciales de proximité, adaptées aux horaires et aux nouveaux rythmes de vie ou à de nouvelles aspirations se

développent. Viennoiseries, croissanteries, restauration rapide ou restauration traditionnelle à bon marché, se sont, depuis quelques années, largement substituées à des commerces défaillants. Le nombre des salons de coiffure et des magasins de produits de beauté est en augmentation lui aussi. Typiques sont les présences de boutiques très spécialisées, recours pour une clientèle d'un vaste hinterland : archerie, toilettage de chiens, tatouages, merveilles de la terre, bouquins ésotériques...

Ville de province dégagée des insuffisances provinciales, grande ville, Grenoble a un train de vie plus qu'enviable dans le domaine nocturne de la culture et du divertissement. A l'exception d'un auditorium digne de ce nom, elle dispose de structures d'accueil pour les artistes et les productions françaises et internationales les plus intéressants.

Rebaptisée Cargo, dirigée par Roger Caracache, la Maison de la Culture va être restaurée et modernisée, dotée justement d'un auditorium, pour son 30e anniversaire. Le Centre Dramatique National des Alpes et le groupe chorégraphique Emile Dubois de Jean-Claude Galotta, y sont chez eux. Le vieux et très central Théâtre municipal, retapé, devenu Théâtre de la Ville sous la direction de Guy Sisti, ne désemplit pas. Et puis n'oublions pas le Summum.

A Grenoble, on sait aussi créer, promouvoir, lancer. Georges Lavaudant, issu du Théâtre Partisan, a dirigé la Comédie des Alpes avant de devenir un des metteurs en scène français les plus connus. Galotta natif de Grenoble, y créa son ballet Ulysse auquel il doit une notoriété étendue au monde entier.

Le culte de la musique est assuré par l'Ensemble Instrumental de Grenoble, orchestre professionnel, par les solistes prestigieux, programmé par la vénérable institution des Heures Alpines, et par le Conservatoire. Le jazz a ses célébrations quasi permanentes dans des cadres non conformistes et chaleureux, comme il se doit. Le plus couru est La Soupe aux Choux, restaurant sans façon sur la route de Lyon. Les hôtes habituels en sont André Anelli et sa formation, compositeur d'une transcription de Carmen qui fit fureur naguère au festival international de Vienne.

Museum d'Histoire Naturelle

Jardin du Museum d'Histoire Naturelle

Les arts plastiques n'ont pas que le musée dont nous avons longuement parlé. Un Centre National d'Art Contemporain est installé dans un immense hangar des usines Bouchayer-Viallet abandonnées. Sa charpente métallique a une histoire. Elle fut construite il y a plus d'un siècle à Paris par Gustave Eiffel pour abriter des éléments de sa tour. Ultérieurement, B.V. la récupéra, et la remonta à Grenoble.

Au-dessus de sa grosse porte de fer coulissante, repeinte en bleu, le hangar a transféré au centre son nom commun : «Le Magasin». Sa directrice porte un nom à particule : Adeline de Furstenberg.

Il y a aussi le passionnant musée Dauphinois dirigé par Jean Guibal en son site enchanteur de Sainte-Marie d'En-Haut, le musée d'Histoire Naturelle, ceux de Stendhal, de la Résistance, des Troupes Alpines... Bien d'autres villes françaises de même dimension se flattent d'établissements analogues. Mais il n'y en a probablement pas qui soutiennent la comparaison avec Grenoble en art dramatique.

Si on excepte l'électronique, toute proportion gardée et mélangée avec un brin d'ironie sans malice, l'activité qui s'est le plus développée a Grenoble depuis un tiers de siècle, est celle d'acteur. Ils sont plusieurs dizaines, pour la plupart intermittents, à appartenir à des troupes diversement subventionnées, et à se produire dans des salles dont le nombre est jugé effarant par certains.

Le Magasin

«Prolifération dingue des espaces culturels», soupirait un responsable, interrogé par Jean-Louis Roux, rédacteur en chef d'Info-Annonces, dans une retentissant enquête sur ce sujet. Fort heureusement, la tendance est au regroupement.

Depuis le départ de Lavaudant, Yvon Chaix en son Théâtre du Rio, est celui qui suscite le plus d'intérêt. Le Théâtre-Action de Renata Scant, dans les salles de la rue Pierre-Duclot et de Prémol, est depuis des années, très apprécié par les milieux de l'enseignement.

Acteur-Production de Michel Ferber, le doyen des acteurs grenoblois, 30 années de comédie dans sa ville, Athéca de Philippe Garon, Made-in-Theatre de Denis Berthet-Rollande. La Transparence de Clotilde Ambrier, se sont depuis 1994 rapprochés dans Les Compagnies Réunies. La Ville a mis à leur disposition le théâtre des Peupliers, ancienne Maison de Mohamlet dans la Ville Neuve. Le Conseil Général et l'Etat leur allouent 800 000 F. annuels.

Il y aussi, à la Ville Neuve, un Espace 600, cours Berriat, un Théâtre de Poche, rue d'Alembert un Arc-en-Ciel, un café-théâtre de l'Entre-Pot, un Théâtre de Sainte-Marie d'En-bas, une compagnie Serge Papagalli, théâtre de l'humour grenoblois, installé dans l'immeuble robuste d'une vieille fabrique du cours Berriat.

La banlieue s'est mise en frais. Echirolles a depuis longtemps son Théâtre de la Rampe, Meylan, son

Hexagone, Saint-Ismier, son Agora. Et Voiron, un Grand-Angle ou défilent les plus grandes vedettes.

Là aussi, il y a des regroupements. Une Bande des Sept s'est constituée entre l'Amphithéâtre de Pont de Claix, le Centre Culturel de Seyssinet, le C.L.C d'Eybens, l'Espace Aragon de Villard-Bonnot, l'Hexagone, la Rampe, Saint-Egrève-Spectacles. On n'en finirait pas d'énumérer les initiatives.

C'est ainsi qu'à Fontaine, chaque automne, le Mois de la Montagne, organisé par Noël Terrot, rassemble plusieurs milliers de personnes pour écouter quelques uns des alpinistes français les plus notoires. Quant à Gières, sa référence culturelle la plus inédite relève du show-bizz. Le maire de la ville Charles Guibbaud, est l'oncle de Yannick Noah. Le nouveau grand rocker français a marqué son intérêt pour Gières en y choisissant le guitariste de sa formation : Paul Guibbaud, son cousin....

Grenoble qui déclame, qui joue, qui chante. Grenoble qui communique. Le Dauphiné-Libéré continue. Le Progrès s'est fâché avec lui en 1979. La guerre a repris. Pas pour long-temps. Les belligérants, se sont retrouvés un peu plus tard dans la même équipe, le grou-pe Hersant. Extérieurement, rien n'a changé dans la fierté d'assumer la grande actualité et surtout dans l'acharnement méticuleux à traquer l'informa-tion locale sur toute la gamme de ses aspects, des plus déter-minants aux plus modestes, qui sont souvent les plus nécessaires.

Museum d'Histoire Naturelle

Aux heures propices, F.R.3 s'offre sur la région grenobloise des parts de marché de l'ordre de 50%. Il n'y a pas de visages plus connus des Dauphinois que celui, souriant et moustachu, de François Dom, le présentateur le plus chevronné de son journal de 19 heures. L'émission Montagne du Grenoblois Pierre Ostian a une très flatteuse audience nationale. Sur place, Radio-France-Isère dépasse toutes les autres chaînes.

Hebdomadaire consacré aux annonces légales, les Affiches ont une manière très personnelle et très indépendante de traiter l'information régionale. Et dans presque toutes les mairies de l'agglomération, sortent à périodicité variable, des revues d'information municipales de structure moderne, la palme revenant en bonne logique à Grenoble-Mensuel.

Il n'y a pas que la presse. Des livres sortent chaque année à Grenoble, chez Glénat, spécialiste de notoriété national pour la bande dessinée, chez Didier-Richard (montagne), aux Presses Universitaires de Grenoble. Une vénérable Académie Delphinale fondée au XVIIIe siècle, rassemble des universitaires et des érudits de disciplines diverses. Il existe aussi un club des Ecrivains Dauphinois que préside le libraire Raymond Joffre, fondateur d'Ex-Libris, groupement culturel d'inspiration montagnarde.

A Montbonnot Saint-Martin, où les bourgeois du temps de Henri Beyle étaient fiers d'avoir leur domai-ne, à l'initiative du Dr Pierre Beguery, un Atelier-Théâtre produit de grands spectacles de printemps, dans d'aimables intentions festivalières, en plein air souvent. Et à Brié et Angonnes, le maire journa-liste, Paul Blanc veille avec de chaleureuses rondeurs à la pérennité de la fête du Pain.

Malgré toutes ces énumérations, le recteur Frémont n'avait pas strictement raison : la culture grenobloise déborde du sport, de la liberté et de la science. Dans cette ville où le chef d'oeuvre architectural est rare, et où l'Histoire n'interpelle finalement pas beaucoup, la culture et l'émotion ont des sources plus discrètes, plus humaines. Après Grenoble qui se démène, qui cherche, qui trouve, Grenoble qui épate, après Grenoble-panache, Saint-Bruno et Berriat par exemple, c'est Grenoble-tendresse.

XII

Quand le cours Berriat, la place Grenette, la Grande Rue disent les attaches grenobloises de l'abbé Pierre, de Tazieff et de Florence Arthaud. Quand le Grenoble du Bon Dieu, des antiquaires et du Maghreb retrouve un sens. Quand un condamné, le palais de justice, se souvient. Quand au jardin de ville, les vieux grenoblois feuillettent le bréviaire de leurs nostalgies.

Carco, Prévert, Carné, Ulmer et autres gourmands de gentil romantisme faubourien, auraient aimé la place rectangulaire et le cours rectiligne, la vivacité et la dignité qu'ils mettent à rester fidèles à leurs origines et à leur destinée de quartier des humbles. Dans son strict quadrilatère de façades bien tenues, la place Saint-Bruno vit une perpétuelle alternance de charivari et de calme. Trois fois par semaine, le matin, c'est la foire aux objets de première nécessité, la plus typique de la ville. Le caleçon, la liquette, la casserole, le jean, la basket y sont de souches variables et dégriffées, et de prix imbattable. Midi passé, il n'y a plus que les joueurs de pétanque, les collégiens en transit et quelques désoeuvrés méditatifs et bronzés autour de la pelouse surbaissée et de la pièce d'eau cernée de gradins. A côté du bureau de la Poste, l'enseigne d'une petite salle de

Marché place Saint-Bruno

l'union de Quartier entretient la mémoire des temps lugubres. C'est la salle des Tickets. Pendant la guerre les Grenoblois venaient y retirer leurs cartes d'alimentation.

Sur le côté ouest de la place, au fond d'un jardinet, un pavillon de nobles matériaux, qu'on dirait dessiné par les élèves d'une école d'architecture, ne dit plus rien à personne. Et pourtant il a, sitôt après la guerre, suscité des passions dans le monde entier. C'était la crèche du quartier. Elle était tenue par Melle Brun, personne dévouée et

courageuse, qui pendant l'occupation, recueillit et sauva parmi d'autres, deux bébés d'une famille juive persécutée, les Finaly. Catholique fervente, elle crut de son devoir de sauver aussi leurs âmes à sa façon. Elle s'avisa de les faire baptiser. Lorsque la paix revenue, les oncles réclamèrent les enfants, Melle Brun refusa de les rendre à leur foi d'origine. Elle trouva des complicités pour les soustraire aux recherches, et se mit dans l'illégalité la plus flagrante. Avant d'aboutir à la restitution des deux garçons, l'affaire Finaly prit une dimension historique. Melle Brun est morte dans les années 80. La crèche est devenue un local associatif. Et les Finaly doivent avoir la cinquantaine....

Le cours a été tracé par le maire Hugues Berriat, au milieu du XIXe siècle, pour relier la ville bourgeoise à sa nouvelle activité industrielle hors les murs de l'ouest, au delà de la gare, jusqu'au Drac. Cela lui a valu un honneur scientifique sans précédent pour une rue : une étude de Raoul Blanchard fondateur de la géographie alpine. A l'exception de l'usine Reymond, il n'y a plus d'industrie sur le cours. Des artistes se sont, on le sait, substitués à quelques unes : le centre d'Art Contemporain chez Bouchayer, Papagalli au 145. Même sans les flux et reflux biquotidiens des brèves migrations de travailleurs à pied ou à vélo, le

La Maison aux chamois

Rue Général-Marchand

Fontaine place Grenette

Place des Tilleuls

Pont St-Laurent

Place Grenette

de Grenoble... et en toute première place du hit-parade des Français «qui comptent le plus». Comme Tazieff, conseiller général du cours Berriat s'y trouve en général dans les cinq premiers, et Florence Arthaud, petite fille de l'éditeur, pas très loin, Grenoble «compte» beaucoup.

Rue Félix-Poulat, l'immeuble très haussmannien des Trois Dauphins revient de loin. C'était le plus grand hôtel de la ville. Après déconfiture, vers 1976, il fut vendu à un groupe qui décida de le démolir pour rebâtir un centre commercial. Touche pas à mes Trois D. Les Grenoblois trouvaient attachante et patriarcale, la manière dont leur espace était occupé par cette haute façade de ciment moulé, aussi distingué que la pierre de taille, ses cinq galeries-promenoirs superposées, et son serre-tête bleuté. Rameutés par un modeste employé des Ponts et Chaussées, un Berthet qui n'avait rien à voir avec celui de Stendhal, ils firent un tel raffut que le permis de construire imposa le maintien intégral des murs extérieurs et des galeries, au coin desquelles on plonge sur le spectacle insolite de la petite rue de Miribel. Un sex-shop y est impudiquement le voisin de l'Armée du Salut.

On touche périodiquement à la place Grenette. En 1971, Dubedout la débarrassa de ses autos. Elle devint une joyeuse terrasse collective pour les huit restaurants et bistrots qui se partagent son périmètre. En 1994, Carignon lui donne un style encore mieux conforme à ce que les Grenoblois attendent d'elle : un salon aux sémillantes couleurs, sous le ciel bleu ou les étoiles, un point-rencontre qui serait un point fixe dérobé au temps, pour le vol suspendu d'une dolce vita au café crème, à la bière pression et au sorbet. Une antidote heureuse du repli sur soi, et cependant, une frayeur rétrospective épouvantable : si ce pauvre Stendhal avait vu tout ça à travers les vitres de l'appartement du docteur Gagnon (c'est juste au fond à gauche, derrière la fontaine appelé Château d'Eau) il n'aurait certainement jamais voulu quitter une ville aussi «classe» et aussi enjouée. Nous n'aurions jamais eu La Chartreuse de Parme.

Bien sûr que d'autres villes ont ça ! Allez donc demander à un Avignonnais de vous raconter la place de l'Horloge en plein festival ! Mais une célébration bien comprise de la P.G. grenobloise doit comporter au moins trois couplets spécifiques.

Le premier pour sa jeunesse. Aux terrasses de ses cafés, à plus de 40 ans, on a l'impression d'être remarqué. A plus de 60, on fait carrément des complexes. L'emprise de la jeunesse sur les lieux grenoblois où on se détend est plus évidente qu'ailleurs. C'est sans insolence ségrégative. Mais c'est flagrant.

Un peu en contradiction avec le précédent, le second couplet exprime une rayonnante sensation de ville ouverte. Les Grenoblois ne vivent pas entre eux dans un pavillon baptisé «Ca me suffit». Sur la P.G. ils reçoivent le monde entier.

Le troisième couplet chanterait le Saint-Eynard, proue de Chartreuse par dessus les toits, et le Moucherotte par dessus l'église, sentinelles tranquilles pour confirmer qu'au bout de chaque place comme de chaque rue, il y a une montagne. A Grenoble, c'est le refrain.

Au delà de la place Grenette, la vieille ville est piétonnière : ruelles qui tortillent et s'entrecroisent, sans déterminisme commercial frappant, comme dans d'autres cités. Ici pas de trottoirs sous des arcades, pas de chefs d'oeuvre aux façades, pas de ferronnerie, pas de vieux puits. Simplement l'intimité chaleureuse, imaginative et gaie des boutiquiers. La pierre y est ancienne avec humilité. Un bout de mur romain, quelques moulures aux portails, quelques loggias. Les façades sans recul de rares demeures aristocratiques, l'hôtel Coupier rue Jean-Jacques Rousseau, l'hôtel Bucher rue Brocherie, l'hôtel Vaucanson rue Voltaire, témoignent pour des siècles de déambulations et de séjours de Grenoblois et de visiteurs dont certains sont immortels comme Rousseau.

L'environnement était prédestiné pour la librairie Arthaud dont les services très diversifiés sont intégrés avec art dans la vénérable architecture de deux hôtels du XVIIIe, celui de Rabot, Grande-Rue et celui de Coupier de Maille, de part et d'autre de la rue Jean-Jacques Rousseau. Arthaud fondé par un médecin.

Né à Fontaine en 1896, Benjamin Arthaud avait commencé ses études en pleine guerre de 14-18. Volontaire

Effet d'images dans une vitrine place Sainte-Claire

pour le Front, il mit son jeune savoir et son courage au chevet des blessés. Il obtint la Croix de Guerre avant son doctorat. En 1924, marié à la fille de l'éditeur grenoblois Rey, il passa de la médecine à l'édition et à la librairie. Très vite, sa maison acquit une réputation nationale et même internationale. Son premier coup de maître : la publication de Premier de Cordée roman d'un jeune journaliste savoyard, installé en Algérie et nostalgique de Chamonix, où il avait été correspondant du Petit-Dauphinois Roger Frison-Roche. Plus tard, Arthaud publia l'Annapurna d'Herzog. Des milliers d'ouvrages d'une qualité rare, consacrés aux arts, aux «Beaux Pays», et naturellement aux Alpes sortirent de la maison de la Grande Rue jusqu'en 1977, année où l'édition fut abandonnée et reprise par Flammarion. Mais la librairie demeure un des foyers les plus actifs de la vie intellectuelle grenobloise. A Paris, un fils de Benjamin Arthaud se voua avec succès aux livres de nautisme et de mer. Ainsi naquit chez sa fille Florence une vocation destinée à en faire une des Françaises les plus célèbres de son temps.

Village Saint-Hugues est le nom que l'Office du Tourisme a choisi pour conférer une entité à ce quartier piétonnier dont les rues débouchent toutes sur une des places animées de la ville. La rue de Bonne va vers Victor-Hugo. Les rues de Sault, de la Poste et Saint-Jacques (une des plus attirantes avec ses terrasses, ses cinq pâtisseries, son cinéma, sa librairie, son épicerie de

Place Ste-Claire

luxe) débouchent sur le bel espace de Vancanson-Etoile-Léon-Martin : une douzaine de cafés et restaurants, et un étal de primeurs qui est un défi à la crise et aux tendances géographiques actuelles du commerce de l'alimentation. Il a été ouvert par la famille de Pierre Strippoli, populaire conseiller municipal, issu de la séculaire immigration italienne à Grenoble, président de la Commune Libre de Saint-Laurent, quartiers des Coratins.

La plus sombre du village, mais la plus attachante est la rue Jean-Jacques Rousseau. Riche du souvenir du philosophe qui y résida quelques semaines, de Stendhal qui y naquit (au 14) de Barnave dont la famille s'y installa, mais aussi grouillante d'une vie commerçante variée et condensée. Certaines vitrines y sont blotties l'une contre l'autre. En 25 mètres, on passe devant une savonnerie, un graveur, deux marchands d'habits et deux restaurants dont celui de la très populaire Mère Ticket. La rue Jean-Jacques Rousseau retrouve la lumière à Sainte-Claire, place des halles couvertes, qui est aussi, à dix mètres près, celle de l'Office du Tourisme et du lycée international Stendhal.

Chenoise et Brocherie, rues du couscous, débouchent à Notre-Dame. Ce Grenoble du Bon Dieu, des antiquaires et du Maghreb, énorme vestibule disparate et grisâtre, ouvert sur la banlieue est, s'était manifestement défraîchi. Et on avait de moins en moins tendance à prendre pour une cathédrale consacrée, l'édifice lourdaud, le gros cube de

Le Jardin de Ville

briques crevé de persiennes fatiguées, au-dessus de murs lugubres, à 50 m. du monument des Trois Ordres montrant la Chartreuse, comme à Chamonix, Balmat montre le Mont-Blanc.

Cinq année d'efforts minutieux viennent de réussir l'amalgame, de redonner un sens au quartier, et de tirer tout ce qu'on pouvait de la cathédrale des XIIe et XIIIe siècles. Entre la chirurgie esthétique et le miracle absolu, c'est devenu le «Groupe Episcopal», entité spirituelle et touristique. On en aurait sorti la cathédrale de Reims que les Grenoblois lui auraient sans doute retiré leur affection.

Faut pas tricher avec son passé. D'autant qu'on statufiera probablement un jour dans cette église, celui qui en fut vicaire en 1942, Henri Grouès, l'abbé Pierre.

Les travaux annexes réservent, en revanche, des merveilles, des ruines romaines accessibles en sous-sol, et un square entre la place et l'ancien évêché. Comme le nouveau musée n'est pas loin, c'est tout le quartier qui sort des mélancolies un peu poisseuses d'autrefois, et commence à susciter des convoitises. Avec les tramways gris et bleu en partance pour le Grésivaudan....

Grande rue et rue Lafayette conduisent aux places Claveyson et aux Herbes, et surtout, place Saint-André. On a ici, au pied de la statue de Bayard, de la collégiale du XIIIe, du Palais de Justice, du théâtre et du musée Stendhal, droit au bon vieux cliché de tant de syndicats d'initiative de France : tout y parle d'Histoire. Même le café de la Table Ronde a la sienne. Fondé en 1739 par le glacier Caudet pour proposer aux Grenoblois le meilleur café de Turquie, il se dit chronologiquement le second de France après le Procope du Quartier Latin. Stendhal, Bernadotte, Gambetta, Blum, y burent le café turc. Son patron actuel, Pierre Boccard, présente dans son grenier des spectacles de chansons, sponsorisés par des maisons aussi sérieuses que le Crédit Agricole ou les Soutien-gorge Lou.

Condamné non pas à mort, mais à perdre sa Justice, transférée en 1977 à Europole, le Palais se souvient de Louis XII qui le fit bâtir pour le Parlement du Dauphiné, d'Henri IV et de Louis XIV qui le firent aménager, de Louis-Philippe qui en doubla le volume sur la gauche, en

conservant le style. Il se souvient aussi de bien des procès fameux. En remontant le temps : celui de la petite Céline, de la Motte du Caire, celui des proxénètes débusqués par le juge Weisbuch, dont on tira un livre et un film «Les Filles de Grenoble», celui des Brigades Rouges, encore dans les mémoires.

Et ceux qui sont rangés dans les archives, comme cette étonnante session d'une semaine consacrée par la Cour d'Appel, sous le Second Empire, à Notre Dame de la Salette. Ministre des Affaires Etrangères et avocat, futur pionnier de la Troisième République, Jules Favre vint plaider depuis Paris. La plaignante était une grosse jeune fille à particule, Melle de la Merlière, de Saint-Marcellin. Un jeune curé dauphinois, réfractaire aux miracles, avait affirmé dans un petit livre que la Sainte Vierge apparue aux bergers Maximin et Mélanie sur les alpages du Gargas, c'était tout bonnement Melle de la Merlière déguisée en bleu et en blanc. Le curé était poursuivi pour diffamation. Il fut acquitté, car il n'est pas diffamatoire en soi de prétendre qu'une jeune fille s'est déguisée. Mais ça ne veut pas dire que la Sainte Vierge n'était pas à la Salette.

Que va devenir le Palais de Justice ? Et que va devenir la place Saint-André, sans l'animation quotidienne des gens de robe et de tous les auxiliaires des tribunaux ?

A l'écart de ces problèmes, comme de tous les autres apparemment, à quelques mètres de là, le Jardin de Ville est un cloître végétal, à la Française, aux plates-bandes surveillées avec amour par les horticulteurs municipaux. C'est un des endroits de Grenoble où les vieilles gens du pays se sentent sinon en majorité, du moins à l'aise. Dès les premiers soleils de la fin de l'hiver, assis, méditatifs autour du socle vide de la statue de Lesdiguières, dans les tiédeurs du foehn qui rend les skieurs fous, ils ont l'air de feuilleter mentalement le bréviaire de leurs nostalgies. Quelques visiteurs, des étrangers souvent, passent. Et s'ils ont un brin d'intuition psychologique, ils pensent que ce doit être très enviable et très doux de ressentir un enracinement dans cette ville, d'y avoir vécu assez longuement pour qu'elle vous offre, tout autour de soi, des souvenirs.

Juste à côté, par groupes de cinq, s'envolent les bennes du téléphérique de la Bastille. Des bennes boudeuses. Leurs six passagers sont assis en rond, mais en se tournant le dos. Le paysage a priorité sur la conversation. On survole l'Isère puis les toits de Saint-Laurent, puis des casemates et des mâchicoulis, avant la leçon de géographie. Chartreuse, Belledonne, Vercors, Oisans, Obiou, des cimes par centaines, et la capitale des Alpes, vers laquelle tout semble converger. Une trentaine de villes regroupées en une «communauté de communes», sous la présidence d'un professeur de Pharmacie, Robert Magnin, maire de Corenc.

XIII

Quand le maire ministre lance l'autoroute électronique de la communication. Quand les grenoblois se demandent si leur ville est vraiment comme les autres. Quand on leur demande s'ils sont enviables. Quand ils savent ce qu'ils n'auront pas au XXIe siècle. Quand la ville réinvente ses propres citoyens. Et quand les montagnes conviennent qu'ils sont tout à fait dignes d'elles.

Dans son bureau de l'Hôtel de Ville, Alain Carignon m'accorde quelques instants. Il est le premier de tous les maires de Grenoble à siéger dans un gouvernement. A part Jean Berthoin, aucun Grenoblois, depuis la guerre, n'a eu des responsabilités politiques aussi élevées. Ministre une première fois en 1986, à l'Environnement, il l'est à nouveau, depuis mars 1993, à la Communication. Et son combat victorieux pour «l'Exception culturelle» dans les négociations du G.A.T.T., lui a donné une stature. Rien n'est définitif en politique. Mais à l'aube de 1994, c'est un ministre qui sait adroitement imposer l'autorité du politique sur l'administration. Quitte à déléguer des responsabilités essentielles à un socialiste. Il m'explique : «Les pesanteurs existent, sans être insurmontables. A condition de choisir son entourage. Ce sont les compétences qui comptent.»

L'ancien correspondant local de l'Essor fait adopter aujourd'hui des programmes gouvernementaux d'aide au Monde ou au Figaro. Il prépare le lancement d'une chaîne culturelle à la télévision. Il enrichit le grand vocabulaire de la civilisation de terminologies qu'on voit déjà gravées dans l'Histoire, comme cette «autoroute électronique de la Communication» pour un même trafic de l'ordinateur, de l'écran et du téléphone. Il est en plus le défenseur de la chanson française. C'est Monsieur Quarante pour cent. Et Grenoble dans tout ça ?

«On dispose pour sa ville d'une efficacité irremplaçable quand on est ministre» me dit-il. «On gagne beaucoup de temps. Les dossiers de Grenoble et de l'Isère n'ont jamais été débloqués aussi rapidement.»

Nous parlons du musée «déjà tout payé», du synchrotron, certainement l'un de ses plus grands succès, des prolongements du tram, du prochain aménagement du quartier Vigny-Musset : «Il faut requalifier le sud de la ville».

Sans doute faudra-t-il aussi choisir son contournement routier nord-sud (axe Ambérieu-Sisteron). La solution passe par un tunnel sous le Vercors. Elle est livrée aux controverses. Encore le Grenoble de l'an 2000 !

Mais dans la réflexion amicale du maire-ministre, la place reste pour le Grenoble des origines et des spéculations désintéressées. Comme je le quitte, il me fait profiter de ses recherches sur le nom même de sa ville. Le brave Gratien n'y serait pour rien. Ce pourrait être Granorumpolis, ville des grains, ou Gratiarumpolis, ville des Grâces. De souche ou d'adoption, les Grenoblois d'aujourd'hui opteraient volontiers pour ville des Grâces. Est-ce une conviction naïve ? Souvent, ils trouvent leur ville pas comme les autres. Elle serait un symbole, une référence; un exemple. Faut-il s'inspirer des Grenoblois, et les envier ?

Grenoble exemplaire ? A bien des égards, comme cela est probablement apparu au long de ces pages. Grenoble enviable ? Oui, si on consulte l'arithmétique des quotidiennetés et des préoccupations individuelles.

Grenoble serait la première ville de France pour le salaire moyen, devant Cannes, avec 99 554 F. en 1992 ; la troisième pour le sport (pourcentage de licenciés) ; la sixième pour les résultats du baccalauréat, selon une enquête réalisée par le Nouvel Observateur; cinquième au classement des taxes d'habitation qui augmentent le moins. Performance relativisée par celle des impôts locaux : le milieu du tableau seulement.

Place Victor Hugo

Moyens sont également les chiffres du chômage. Ici pas plus qu'ailleurs, nul n'oserait se dire à l'abri de la précarité de la situation actuelle. On a toutefois constaté que, jusqu'en 1992, Grenoble, en raison de la diversité de ses activités, résistait plutôt moins mal que beaucoup d'autres villes.

Les paramètres de l'inquiétude et du bonheur ne sont pas répertoriables. Les disparités non plus. La condition de grenoblois n'est pas ressentie pareillement à la galerie de l'Arlequin de la Ville Neuve, et derrière les palissades de lauriers des villas à piscine, à tennis, à monospace et à berger briard, des coteaux du Grésivaudan. Nulle part cependant on n'a l'impression d'entrer dans le XXIe siècle à reculons. Les atouts de Grenoble sont enviables et probablement sont-ils ceux que réclame la conjoncture. A cinq ans du passage de la ligne, il y a longtemps que l'an 2000 ne jette plus personne en excitation puérile, dans un futurisme de bandes dessinées, d'hélico pour chacun et de repas en pastilles vitaminées. D'ailleurs, ce siècle si proche, Grenoble le connaît déjà. Ca ne serait pas la peine d'abriter tant de cerveaux branchés sur l'innovation....

On sait déjà ce qu'on n'aura pas. D'abord un million d'habitants. Ne souriez pas. C'était plausible il y a vingt ans. Des prévisionnistes d'un plan d'aménagement d'un Grand Grenoble étendu jusqu'à Voiron, avaient fixé la barre à 900 000. L'échéance tombée, ça fait 500 000 pour le secteur envisagé. C'est certainement bien mieux comme ça. Mais on n'est tout de même qu'à moitié rassuré. Les 500 000 occupent finalement tout le terrain que les planificateurs avaient délimité pour leurs 900 000....

Pompe aspirante et refoulante, la ville s'est gonflée de gens des champs. Elle repousse maintenant ses propres citoyens vers la campagne. Sans qu'ils perdent d'ailleurs rien de leur mentalité de citadin. Le rêve, c'est mille mètres carrés bien clôturés. Mais à cet égard, Grenoble et son agglomération n'ont rien d'unique.

On n'aura pas non plus le grand carrefour européen des T.G.V. Le croisement de Paris-Turin et Genève-Valence se fera à Montmélian. Dans son schéma directeur pour les trente années à venir, la S.N.C.F. a renoncé aux deux tunnels sous la Chartreuse et sous les Ecrins (70 km !) qu'impliquerait cette formule grenobloise. Et pour les Grenoblois, la liaison la plus rapide avec Paris ne passera plus par Lyon, mais par la Savoie.

Et puis, sait-on ce qui va se passer, si à Shanghai, à Séoul, à Singapour, à Taiwan, on continue à fabriquer les mêmes objets que chez nous, en payant les ouvriers dix fois moins ? Cette appréhension là non plus n'est pas spécifiquement grenobloise.

Apparemment sur orbite, Grenoble pourrait faire des envieux, en se redressant sur de hauts talons et en déballant les atouts dont nous sommes rassasiés depuis quelques pages. Ce serait oublier l'essentiel. S'il y a un privilège d'être grenoblois, il n'est pas fait seulement de garanties matérielles.

Au temps du melting pot et de la culture uniformisée par quatre heures de télé quotidienne, on ne va pas se mettre à jouer les La Bruyère d'almanach comme on pouvait se le permettre il y a une trentaine d'années, et statufier un caractère dauphinois, par comparaison avec ceux du Breton, de l'Alsacien ou du Gascon.

Plus que l'esprit grenoblois, c'est l'esprit de la ville qui compte aujourd'hui. La ville a réinventé ses propres citoyens. Sur un mythe fondateur tout neuf, daté du XXe siècle. Ne rien perdre de son appartenance au monde ni du temps qui passe. Telle semble être la devise. Elle ne rend pas paisible. Pas agité non plus. Elle pose l'esprit de compétition comme un axiome. Y compris au volant. Mais pas comme une obsession. L'ouverture des mentalités est une évidence dans une ville qui a exorcisé depuis longtemps les démons et les conventions provincialistes et bourgeoises qui chatouillaient tant le pauvre Henry Brulard.

Les étrangers qui s'installent à Grenoble en sont frappés. Y a-t-il une société où on se sente moins épié par son voisin que dans celle-ci ? Cela n'implique ni égoïsme ni indifférence. Cela ne signifie pas non plus que la confiance est installée partout. Il y a de la fauche dans le tramway. L'important est de le savoir. A Grenoble, on n'est pas niais.

Même avec le sourire ironique, on n'y pratique pas certains cultes encore vivaces ailleurs, comme le régionalisme

Quai Stéphane Jay

ou son contraire, le parisianisme. Les Allobroges y sont une chanson à boire, pas une rengaine pleurnicharde comme le P'tit Quinquin. Et on s'y fout totalement de rater le dernier métro de Paname. Ce qui n'empêche d'ailleurs pas de commenter inlassablement les chronométrages comparés d'Air-Inter, du T.G.V. et de l'autoroute pour se rendre dans la capitale. Celle-ci est une nécessité, parfois une récompense. Jamais un modèle permanent d'intelligence. On prend facilement le Parisien pour un naïf. Là-bas, ils n'ont même pas de montagnes ! La remarque n'est pas idiote. Elle est de Stendhal. Sous une forme plus raffinée évidemment.

C'est que les Grenoblois sont magnifiquement dignes de leurs montagnes. Le Club Alpin de l'Isère (8000 adhérents), la Société des Touristes du Dauphiné, plus que centenaire, les associations sportives du Troisième Age, emmènent chaque semaine par cars entiers leurs membres en excursions haut perchées. Des gens et un cadre. Un cadre d'une richesse supérieure à tout ce qu'on peut imaginer en le contemplant depuis la ville. Un cadre enveloppant et tout proche.

Qu'on me permette une référence personnelle. Depuis dix ans, chaque vendredi, dans les éditions de l'Isère du Dauphiné-Libéré, je suggère une balade pédestre en montagne, que j'ai effectuée les jours précédents, dans un rayon correspondant à une heure de voiture au maximum. Cinq cents semaines. Cinq cents balades, pratiquement toutes différentes. Quelle ville au monde est aussi agréablement située ?

Au retour, sur les longues descentes de Saint-Nizier, du col de Porte, de Chamrousse, qui n'est attendri et fier en retrouvant sa ville ? Juxtaposées à l'infini, les banalités de l'architecture contemporaine bénéficient d'une esthétique de dimension. Exubérances cubistes, ferments rassurants et prometteurs, sur lesquels tombent la miséricorde d'architectures célestes : Belledonne, Vercors, Chartreuse et shynx blanc du Taillefer, à la porte de l'Oisans.

Mais pourquoi sortir ? Bouclons simplement la boucle. Revenons à Cularo et à Chalemont, sur la passerelle Saint-Laurent. Par vent du nord, par vent du sud, les revoilà nos certitudes. Grenoble se vérifie.

Contre la Chartreuse : le quartier des Gaulois, de la basilique mérovingienne, de l'immigration coratine toujours vivante, Strippoli-City. Sur l'autre rive, par dessus la voie-auto sur berge, au nord de la collégiale et du Palais : le petit négoce à son aise dans les immeubles sombres des bourgeois d'il y a 200 ans, un peu du musée d'aujourd'hui, un peu de Rotschild d'hier, et beaucoup de Belledonne en dehors des couleurs et du temps, et le lointain clocher de Corenc, village perché. Vigoureuse mais pudique, gênée d'avoir perdu ses transparences depuis son mélange avec les eaux schisteuses de Maurienne, l'Isère fonce en catimini.

Rivière sans rivage et sans riverains immédiats, sans péniches, sans guinguettes, presque sans pêcheurs, elle ne tient pas à servir d'ornement. Après avoir délimité, en deux méandres, une île d'Amour et une île Verte, elle passe au pied de la Chartreuse bardée de remparts et d'échauguettes sur 300 m. de haut, avec les deux incrustations des instituts de Géographie alpine et de Géologie, échoués comme deux arches de Noé sur le mont Ararat. Des bulles planent par grappes de cinq.

Soyez attentifs : le spectacle est sonorisé. Les rivières opaques ont autant à dire que les autres. Surtout lorsqu'elles sont filles des glaciers et des neiges des champs de ski les plus admirés du monde. L'Isère parle. Dans le sens le plus concret. Elle court avec des murmures de cascade. Le temps n'est plus où, vers la Porte de France, quelques plages aménagées pour des barges chargées de minerai de fer ou de bois, offraient de si élégants motifs de dessins à Victor Cassien ou Diodore Raoult. De son galop bruyant sous la passerelle, l'Isère emporte la vie descendue des cimes.

Il faut que celles-ci aient le dernier mot. Le verbe s'est fait montagnes. Bien plus que des paysages : des présences cosmiques répandant sur la ville une félicité accordée à chacun, rythmée et renouvelée par les saisons. A Grenoble, aucune n'est morose.

Il y a toujours un dimanche matin de novembre où on se réveille dans une brume sinistre, rabattue sur la cité par un couvercle anticyclonique qui ne la lâchera pas de toute la journée. Dans n'importe quelle autre ville de plaine, c'est un dimanche foutu. Les Grenoblois, eux, savent qu'en un quart d'heure de voiture, vers le Sappey, vers Lans, vers les Quatre-Seigneurs, vers le plateau Saint-Ange, vers les Petites Roches, vers Sarcenas, on percera le couvercle, qu'on émergera en plein ciel bleu, que le Néron sera une île, et le Vercors, la Chartreuse, Belledonne, les «promontoires des songes» pour les glissades prochaines. C'est, de tous les quartiers, l'envolée vers la lumière.

L'espérance, à Grenoble, ne disparaît jamais du calendrier.

Le Carroussel

Musée Hébert d'Uckermann

Jardin de Ville

BIBLIOGRAPHIE

Parmi les ouvrages consultés :

Grenoble de Paul Dreyfus (Arthaud)

Histoire de Grenoble sous la direction de Vital Chomel (Privat)

La Revue de Géographie Alpine.

Cinquante Millions de Grenoblois de Claude Glayman (Robert Laffont)

Les Heures Dauphinoises des Grands Ecrivains Français d'Evelyne Reymont (Glénat)

L'Etrange Figure du Baron des Adrets de Gilbert Dalet.

La Civilisation Gallo-romaine d'André Pelletier (Presses Universitaires de Lyon)

Grenoble, des Rues et des Hommes de Claude Muller

Les publications : Présences (Chambre de commerce de Grenoble) Impact-Médecin, Grenoble-Mensuel etc. Des entretiens m'ont été accordés spécialement pour cet ouvrage par Alain Carignon, maire de Grenoble et ministre de la Communication, Pierre Gascon, son premier adjoint, Jean Rechatin directeur de la Banque de France de Grenoble, René Michal président de Grenoble 2000. Jean Marandjan président de la Chambre de Métier et d'Alpexpo, Jacques Bailleux directeur de la communication à la Chambre de Commerce, que je remercie. Ma gratitude va aussi très cordialement à ceux qui furent mes compagnons d'un tiers de siècle de journalisme grenoblois, et aux archives du Dauphiné-Libéré et du Progrès.

Dans la même collection

- Le Vercors
- La Chartreuse
- La Drôme
- Le Leman-Chablais
- La Maurienne
- La Savoie des Traditions

par **seila** Achevé d'imprimer
en avril 1994
IMPRIMERIE LIENHART
à Aubenas d'Ardèche

Dépôt légal avril 1994
N° d'imprimeur : 6901

Composition - Maquettes
Compographie
26200 Montélimar